Gütersloher Taschenbücher / Siebenstern 1113

Hans-Christoph Rublack

… hat die Nonne den Pfarrer geküßt?

Aus dem Alltag der Reformationszeit

Gütersloher Verlagshaus Gerd Mohn

CIP-Titelaufnahme der Deutschen Bibliothek

Rublack, Hans-Christoph:
... hat die Nonne den Pfarrer geküßt?: Aus dem Alltag der Reformationszeit / Hans-Christoph Rublack. – Gütersloh: Gütersloher Verl.-Haus Mohn, 1991
(Gütersloher Taschenbücher Siebenstern; 1113)
ISBN 3-579-01113-8
NE: GT

ISBN 3-579-01113-8

Umschlagenwurf: Dieter Rehder, Kelmis / Belgien, unter Verwendung eines Stiches von Beham »Bauerntanz«
Gesamtherstellung: Clausen & Bosse, Leck
Printed in Germany

Inhalt

Ulinkam cum historiis adultam

Vorwort

Diese Geschichten sind mir während meiner Forschungen aufgefallen. Sie sind aus Quellen genommen und nacherzählt und berichten von Handlungen und Meinungen, von Menschen, die meist keinen großen Namen trugen. Wie haben sie, die damals lebten und handelten, die »Reformation« erlebt? Die Geschichten, die den Menschen dieser Zeit so nahe wie möglich zu kommen suchen, handeln von der Reformation, indem sie deren Geschichte von »unten« darstellen, dort, wo sie im Alltag »gehandelt« wurde. Die Großen der Reformation – Luther, Zwingli oder die Staatsmänner – standen bisher im Mittelpunkt der Darstellungen der Reformationsgeschichte, weil sie den Anstoß und die Ideen gegeben oder diese politisch verarbeitet haben. Die kleinen Leute, so schließt man daraus, sind den großen, von ihnen angestoßen, nur nachgefolgt. Sie waren Anhänger und daher lediglich von zweitrangigem Interesse. Sie waren höchstens geeignet, zu illustrieren, was aus den großen Ideen wurde, wenn sie in geringere Hände gerieten. Das Beste, was man sagen konnte, war, daß die Leute die Reformatoren getreu nachzuahmen versuchten. Etwas an diesem Bild aber hat sich schon geändert: Denn was ist ein Reformator, wenn er keine Reformation zustande zu bringen vermag. Er darf zwar den Leuten nicht nach dem Munde reden, muß aber schon seine eigenen Ideen haben, »Appeal« besitzen, um zu überzeugen.

Das Buch verfolgt nicht das Interesse, die bekannte »große Geschichte« durch kleine Geschichten zu entwerten oder gar zu ersetzen. Geschichten können nicht erklären, sie können aber andeuten und Hinweise geben, die Bedeutungen aufzeigen, die die »Reformation« für den kleinen Mann oder die geringe Frau hatten. Ein vollständiges, ganzes »Bild« der »Reformation« kommt darum auch nicht heraus. Manches fehlt, die Geschichten spielen in bestimmten Landstrichen, vornehmlich in Süddeutschland. Wer die Geschichten aber mit Vergnügen liest, hat sie schon richtig verstanden. Wer dann noch etwas mehr in ihnen sehen möchte, sollte bedenken, was sie ihm zu denken geben.

Hans-Christoph Rublack

Wer setzt den Pfarrer ein? – Kitzingen gegen Johann von Wirsberg

1.

1515, am 18. Juni, schrieb der Rat der Stadt Kitzingen an zwei hohe Würzburger Geistliche. Mitte Juli noch einmal. Die Geistlichen verwalteten die Pfarrei in Kitzingen im Auftrag des Dr. Johann von Wirsberg. Der Adlige war dort Pfarrer seit etwa 1502. Sein Doktor war ein juristischer Grad, so konnte er in hohe Ämter der Kirche einsteigen. In Augsburg wohnte er seit 1515, obwohl er seine Domherrenpfründe dort aufgegeben hatte, als er 1504 Domherr in Eichstätt wurde. Daneben hatte er noch mehrere Pfründen, in Würzburg, Freising und Regensburg, auch am Stift Feuchtwangen. Wohnen und tätig sein konnte er freilich nur jeweils an einem Ort.

Seine Kitzinger Pfarrei hatte der hohe Herr weiterverliehen: Er blieb zwar der rechtmäßige Besitzer, setzte aber, dies erledigten seine Verwalter, einen anderen Geistlichen ein, der die religiösen Dienste für die Kitzinger Gemeinde leistete. Der Pfarrverweser erhielt vom Pfarreinkommen einen Teil, von Wirsberg behielt, wie er dem Rat später vorrechnete, 77 Gulden pro Jahr, ein Betrag, der einfachen Leuten sehr üppig erscheinen mußte, zumal er ja nichts dafür tat. Johann von Wirsberg machte geltend, daß er den Verwesern schon mehr gelassen hatte als seine Vorgänger. Aber je weniger Gehalt der Pfarrverweser bekam, desto besser für den Besitzer. Daß Besitzer geistlicher Stellen abwesend waren und ihre Stellen nur verwesen ließen, war geläufig, hier in Kitzingen und andernorts.

Der Kitzinger Rat wandte sich 1515 an die Verwalter wegen eines dringenden Anstands: Der Pfarrhof war so baufällig, daß er fast zusammenfiel. So sehr, daß es für die Geistlichen, die darin wohnten – der Pfarrverweser und seine Kapläne – gefährlich war. Die Gemeinde wurde deshalb verspottet. Man identifizierte sie mit ihrer Pfarrei. Man redete in der

Stadt darüber, weil der Schaden am Pfarrhaus ihr Schande brachte. Der Rat meinte, die Einkünfte reichten aus, um den Bau instand halten zu können.

Von Wirsberg sah die Sache anders. Er antwortete nicht dem Rat direkt, sondern wandte sich an den Landesherrn, den Markgrafen Kasimir von Brandenburg-Ansbach. Er legte dar, daß, rechtlich gesehen, nicht er, sondern die Äbtissin der Abtei für Baukosten verantwortlich sei. Denn die Pfarrei war der Abtei zugehörig. Die Äbtissin wollte nichts davon wissen – und weil es gleich ein grundsätzlicher Fall war, würde sie von Pontius zu Pilatus gehen. Wenn das geistliche Gericht in Würzburg Johann von Wirsberg recht gebe, werde sie das Gericht des Erzbischofs in Mainz anrufen. Sogar nach Rom an die päpstliche Kurie würde sie appellieren. Also geschah am Pfarrhaus nichts.

Im Herbst des nächsten Jahres 1516 kam noch etwas hinzu. Der Pfarrverweser wurde so knapp gehalten, daß er seine Ausgaben einschränkte. Er sparte an seinen Kaplänen. Häufig trug er ihnen aufgewärmte Speisen auf oder auch verschimmelten Wein. Einer der Kapläne beklagte sich wohl, worauf der Verweser ihn entließ. Beide Seiten erschienen vor dem Rat, der, so meinte er jedenfalls, schlichtete den Streit. Doch er meinte, der Verweser dürfe nicht einfach einen Kaplan entlassen, ohne daß die Kitzinger Obrigkeit es wisse. Denn wenn die Kapläne eingestellt wurden, hielten sie erst einmal Messe und predigten zur Probe, und der Rat sagte dann, ob dies ihm und der Gemeinde gefallen hatte.

Der »rechte« Pfarrer, so fern er weilte, gab jedoch auf seine Rechte acht. Die Ansprüche, die der Rat machte, waren für ihn dem alten Brauch zuwider und unrecht. Gegen den Rat nahm er Partei für den Pfarrverweser. Dabei beschuldigte er den Rat, unrecht gehandelt zu haben. Das ließ dieser nicht auf sich sitzen. Und sogleich setzte Kitzingen hinzu: Wegen des Pfarrhofs war noch nichts geschehen. Man muß mit ansehen, wie er sich je länger, desto mehr zur Erde neigt. Der Rat griff jetzt auch die Höhe des Einkommens an, das der abwesende Pfarrer bezog: Zum Verweser wird angenommen, wer viel

»Absenz«geld gibt. Ob er fähig ist oder nicht, spielt eine geringere Rolle. Die Pfarrei darf nicht der Habgier dienen, sondern sie soll der Gemeinde nützen. Wenn der Rat den Begriff »Geiz« verwendete, so stellte er sich grundsätzlich. Nicht nur der Pfarrhof muß in einem ordentlichen Stand gehalten werden, auch die Verweser und Kapläne sollten gelehrt sein, wie er sagte. Das konnte heißen: so erzogen und trainiert, daß sie die geistlichen Bedürfnisse der Gemeinde erfüllten. Ein weiterer Brief, diesmal an den Landesfürsten, vom Dezember 1516, formulierte noch deutlicher: Der Pfarrer ist Hirte, er sollte seine Schafe weiden. Johann von Wirsberg sieht nur auf seinen Vorteil. Ob die Geistlichen hier fähig sind, das Wort Gottes zu verkündigen und die Gottesdienste zu halten, ist ihm gleich, wenn er nur Profit macht.

Gleich zu Anfang 1517, dem Jahr, in dem Martin Luther im Herbst seine Thesen gegen die Ablaßpraxis verschicken sollte, verteidigte sich der Domherr von Eichstätt; zwei Jahre später, 1519, wurde er dort Domdekan. Er könne aus rechtlichen Gründen nicht in Kitzingen sein. Seine Verwalter in Würzburg habe er beauftragt, taugliche Priester zu bestellen. Wenn man ihm vorwerfe, er sehe auf seinen eigenen Nutzen, nicht auf den gemeinen Nutzen des Volkes, so wolle er nur darauf hinweisen, daß er sein Absenzgeld gegenüber seinen Vorgängern herabgesetzt habe. Die Vorgänger hatten 90 Gulden bezogen, er habe 13 Gulden nachgelassen. Die Sache sei wegen der anstehenden Reparatur durch die Äbtissin kompliziert worden. Er habe eine Schiedsverhandlung angeboten und wolle die Hälfte der Kosten tragen. Aber die Äbtissin wollte offenbar die Sache vor höhere Gerichte ziehen, einen lebenslangen Rechtsstreit könne man voraussehen. Darum, so kann der Leser schließen, ist bisher nichts geschehen. Nichts, was die Gemeinde gesehen hatte. Ein paar Dachdekker waren einmal tätig gewesen, schrieb Kitzingen im März 1517 erneut, und führte nochmals alles an.

Dann hören wir nichts bis zum Herbst 1522. Der Kitzinger Rat wandte sich erneut in dieser Sache an den Markgrafen – nicht zuerst an die Verwalter oder an von Wirsberg. Die alten

Anstände sind wieder angebracht, die Reparaturfrage und die unfähigen Geistlichen.

Aber das Ganze erscheint in neuer Sicht: Der Gemeinde, dem gemeinen christlichen Volk, soll die evangelische Lehre verkündigt werden. Das bringen die Geistlichen nicht über sich, weil sie immer wieder auf die Gebühren hinweisen müssen – die Stolgebühren bei Taufe, Heirat und Begräbnis sowie beim Beichten. So wird das Wort Gottes nicht lauter und rein verkündigt. Immer wieder sprechen sie von den Zeremonien, und viele Seelen werden verführt. Der Rat und die Gemeinde sind der Ansicht, der Pfarrer solle persönlich sein Amt versehen oder das ganze Einkommen an den weitergeben, der die Seelsorge leistet. Dann kann sich einer davon unterhalten, der auf das Wort Gottes achtet. So wie bisher geht es nicht weiter. Wenn nichts geschieht, dann werden wir uns der »evangelischen Freiheit« bedienen, unsere Pfarrer und Kapläne selbst wählen und den Gewählten die Einkünfte verabfolgen lassen, auch den Pfarrhof davon instand halten. Denn die Einkünfte sind von denen, die sie gestiftet haben, nicht für Habgier und Wucher bestimmt.

Der Ton ist neu, die Klagen sind alt; denn es hatte sich ja nichts geändert seit sieben Jahren. Die neue Lehre hatte die Perspektive geändert. Die Kitzinger Forderungen waren radikaler geworden.

Der Landesfürst reichte das Schreiben an Johann von Wirsberg weiter. Der lenkte anscheinend ein. Seine Verwalter in Würzburg sollten darüber verhandeln. Als der Rat dort nachfragte, wußten diese von nichts. Die Kitzinger hatten aber, so schrieben sie im Dezember 1522 an Johann von Wirsberg, dem Pfarrverweser mitgeteilt, sie wollten ihn nicht länger ertragen. Darauf hatte dieser resigniert, dann doch wieder verhandelt, ob er nicht bleiben könne. Und man scheint ihm Hoffnung gemacht zu haben. Der Kitzinger Rat will aber einen neuen Pfarrer haben, so schreibt er an von Wirsberg, er verlange ja nur, was ihm nach der Heiligen Schrift zusteht, nämlich die Verkündigung des Wortes Gottes, die Förderung der evangelischen Lehre. Das läßt die evangelische Freiheit zu – der Rat setzt voraus, daß Johann weiß, was damit gemeint ist. Und außerdem: Der Besitzer der Pfründe der alten Frühmesse ist gestorben, in Rom übrigens, und da auch sein Haus ruiniert ist, nahm der Rat die Pfründe in Verwaltung. Nur wer die Pfründe persönlich einnimmt, wird geduldet.

Die Botschaft vernahm der hohe Geistliche. Er schreibt nun dem Kitzinger Rat gleich eine Woche später. Er warnt sie: Er hat doch Auftrag gegeben, Kitzingen mit einem Vikar aufs beste zu versehen. Einen Grund zur Klage sieht er nicht. Aber wenn sie nun etwa ohne Grund aus neumodischen Motiven gegen ihn vorgehen, rebellierten sie gegen die geistliche und weltliche Obrigkeit. Das beweist nicht Gehorsam und entspricht auch nicht christlicher Liebe und Einigkeit. Wenn sie Neuerung wollen, wird er dagegen klagen. Er hoffe aber, daß sie sich als evangelische und christliche Untertanen erwiesen, lieb, gehorsam und geduldig seien, nicht aus Haß und Neid handelten, oder um weltlichen Nutzen daraus zu ziehen. Christliche Liebe beweist sich, indem man Widerwärtigkeiten mit Geduld trägt. Christus, lehrt das Evangelium, war geduldig und gehorsam, bei all seiner Unschuld bis zum Tod. Auch ich will fleißig tätig sein für meine »lieben Pfarrkindlein«. Paßt auf, jetzt treiben viele Geister Blüten, die zu unbrüderlichem Handeln gegen christliche Liebe anstiften. Als Christ soll man die Geister prüfen, ob es der rechte Geist Christi sei. Wie er bislang in der Kirche geherrscht hat. Genauer: Die Geistlichen gehen ja mit gutem Leben und Beispiel voran, sie beschützen die Armen, behalten den gemeinen Nutzen im Auge, ohne auf Menschliches zu sehen. Nur so erlangt man die ewige Seligkeit, die uns Christus durch sein Sterben und Blutvergießen teuer erwarb. Seid Gott in Gnade befohlen: So gekonnt schließt der Brief.

Nach so vielen Jahren, in denen sich nichts getan hatte, war das einmal eine Predigt, die ihr Pfarrer den Kitzingern ins Haus lieferte. Der Rat empfand genau, daß er nur seinen Rechtsstandpunkt aufrechterhalten wollte. Sie fragten sich, so ihre Antwort, ob dies etwa Spott und Hohn sei? Neumodisch sei, wenn man auf Pfründen durch Werbungen in Rom dränge und habgierig sei. Denn davon steht nichts in der Heiligen Schrift.

Immerhin, so spotten sie ihrerseits, dies sei ja nach zwanzig Jahren eine Predigt gewesen. Dann brauchten sie nicht immer zu hören, daß man sage: Die Schafe weiden den Hirten. Das meinte man, wenn die Gemeinde das Einkommen leistete, aber von dem, der es einnahm, nichts geboten bekam. Gott befiehlt aber, daß der Pfarrer seine Schafe persönlich zu weiden, auch vor Schaden zu bewahren habe. Wer das nicht tut, so schreibt Johannes im 10. Kapitel, ist kein Pfarrer. Und Paulus (Römer 16,18) redet von denen, die nicht Christus, sondern ihrem Bauch dienen: Sie verführen mit gesalbten Worten und Heuchelei die unschuldigen Herzen. Ein Pfarrer ist ein Diener Christi und Haushalter über Gottes Geheimnisse (1. Korinther 4,1). Seine Geduld soll beispielhaft sein und unser Leben in Trübsal, Angst, Verfolgung, Blöße und Gefahren bessern.

Der Rat hatte gewiß einen unter sich, der die Heilige Schrift kannte. Aber die Empörung gegen Arroganz und Heuchelei teilten sicher mehrere. Was sie wollten, stellten sie nochmals fest: Das Evangelium soll gepredigt werden. Einkünfte sollen nicht bloß eigennützig genossen werden. Nicht Habgier zu Pomp und Herrschaft, sondern Trost der Liebe und Gemeinschaft des Geistes erwarten sie. Die Schafe haben keine andere Obrigkeit als Christus, der das Haupt ist (Epheser 1,22). Prediger sind Diener Christi, »Knechte« sagt das Schreiben, dem Evangelium gemäß. Dies ist die Grundlage, die »Geister« zu prüfen. Kurz und konkret: Die Seligkeit unserer Seelen liegt uns mehr am Herzen als fremde Habgier. Zweitens: In diesem Jahr muß ein neuer Pfarrverweser angestellt werden. Nehmt einen, über den wir uns nicht beklagen müssen. Dann lassen wir euch in Ruhe.

2.

17 von 24 Chorherren des Großmünsterstifts in Zürich wählten am 11. Dezember 1518 einen 34jährigen Geistlichen zum Leutpriester. So nannte man den, der die Seelsorge in der Pfarrgemeinde versah: die Predigten hielt, die Hausbesuche bei Kranken und Sterbenden machte und die Beichte hörte. Mit dieser Mehrheit konnte man zufrieden sein, auch damit, daß die Stiftsherren zügig gehandelt hatten. Die Vakanz war erst im Herbst eingetreten. Der Propst starb am 24. Oktober 1518, ein Chorherr stieg zu neuer Würde auf, der bisherige Leutpriester wurde zum Chorherrn befördert, in dessen Amt Huldrych Zwingli berufen. Ein richtiger Schub war rasch bewältigt.

Der neue Leutpriester war in Zürich nicht ganz unbekannt. Zwingli war vorher in der gleichen Position in Einsiedeln gewesen, und 1500 Züricher, die Priester und Mönche nicht gezählt, wallfahrteten alljährlich einmal am Pfingstmontag dorthin, aus jedem Haus ein Mann wenigstens. Zwingli kannte auch Zürich. Es erschien ihm jetzt attraktiver als damals, als er es in seiner Studentenzeit betreten hatte. Er stammte ja nicht aus der Stadt, sondern aus dem Toggenburg. Das Leben sei dort so schändlich, meinte er, daß Gott ihn behüten wolle, hier Pfarrer werden zu müssen. Inzwischen hatte der humanistisch strebsame Geistliche Freunde in der Stadt an der Limmat, die genau das wünschten, was er bieten konnte. Der Lehrer am Großmünster, Oswald Myconius, wollte einen humanistischen Gesinnungsgenossen. Einer der Vorgänger im Amt wußte, daß Zwingli, so wie er, gegen das Soldwesen in ausländischen Heeren Stellung nahm. Ein anderer, Heinrich Utinger, blieb lebenslang Zwinglis Freund. Alle drei saßen in dem Ausschuß, der die Berufung vorberiet. Der eben Propst gewordene Felix Frey fand ihn hübsch und beredt.

Zwingli zögerte nicht, kam sofort, am 3. November 1518, nach Zürich, damit die Sache glatt lief. Sein Programm empfahl ihn: Wenn diese berühmte Stelle sich der humanistischen Schriftauslegung öffnete, könne es mit den anderen ähnlichen

Ämtern in der Schweiz nicht lange fehlen. Ein Mitbewerber, Lorenz Mör, wurde leicht aus dem Feld geschlagen. Er war nicht so gelehrt, wie die Förderer das haben wollten. Außerdem wirkte ein Gerücht, er habe sechs Kinder. Etwas überflüssig schien dann Zwinglis Versuch, den Schwaben mit den Buchstaben zu Beginn seines Namens in Verbindung zu einer Tiergattung zu bringen. Wenig humanistisch, ihn einen fetten Schw...aben zu schimpfen, der doch wohl einem Schweizer nicht vorgezogen werden dürfe. Was der schon aus seinem Saustall vortragen werde.

Daß Gerüchte gefährliche Fallstricke für ehrgeizige Bewerber waren, wußten Freunde und Gegner. Über Zwingli streute man aus, er sei Musikus, das konnte man mit »recht weltlich« in Verbindung bringen. Nein, er vergnüge sich nur in seinen eigenen vier Wänden. Bedenklicher war das Gerücht – daran war, wie seine Förderer schrieben, doch kein wahres Wort – er habe eine Jungfrau geschwängert.

Zwingli wählte die beste Verteidigung, so offenherzig, daß im 19. Jahrhundert, als bei der ersten neuen Ausgabe seiner Briefe sein Schreiben gefunden wurde, der unglückliche Finder zu einem anderen Experten lief. Beide meinten, vielleicht sei es besser, ihn gleich zu verbrennen und das Geheimnis ins Grab zu nehmen. Und so verderblich schien den beiden die gegen strenge Sitten verstoßende Information, daß den Brief nur höchste Motive retteten: »Der Protestantismus ist die Wahrheit, Wahrheit unter allen Umständen!«

Zwingli hatte also doch mit unverheirateten Frauen sexuell verkehrt. Trotz asketischer Zuwendung zu seinen wissenschaftlichen Studien war es auch ihm unbezähmbar. Zumal er in dem ruchbar gewordenen letzten Fall verführt worden war. Nein, eine Ammanstochter aus ehrbarem oder reichem Haus war es nicht. Auch sonst befolge er feste Grundsätze: nie eine verheiratete Frau, nie eine wirkliche Jungfrau, nie eine Nonne. Die Tochter des Barbiers hatte mit ihm geflirtet. Aus zerrütteter Familie stammte sie, die Mutter lebte getrennt vom Vater, und die Tochter half in seinem Laden. Gegen die Ehrbarkeit konnte er in diesem Fall kaum verstoßen haben.

Und Jungfrau: kaum. Nur am Tag, nachts ein Weib. Oder nennt man in Zürich die Huren so? Schwanger: ja doch, und im Augenblick wurde dies außer Hauses ausgetragen (leider in Zürich). Ob er der Vater sei, war denn doch zu bezweifeln. Die Spatzen pfeifen es hier von den Dächern, hier setzte sich nun das Gerücht für ihn ein, daß sie mit mehr als einem, z. B. einem anderen Einsiedler Geistlichen, Unzucht trieb.

Der Torschuß aus dem Fall gelang nicht ganz: Natürlich hatte Zwingli es bereut, und gewiß werde er seine Bewerbung zurückziehen, wenn die öffentliche Meinung sich stark erregte. Im übrigen wollte man ihn in Einsiedeln mit Zusagen halten. Als Leutpriester am Großmünster verdiente Zwingli weniger. Doch gab es ja Hoffnung, daß dies nur der Einstieg in einen Aufstieg war: Beiden Vorgängern war es gelungen.

So geschah es auch bald, nach zwei Jahren schon. Und das, obwohl sich der neue Leutpriester mit seinem neuerischen Programm bei einigen alten Feunden unbeliebt gemacht hatte. Er predigte nicht mehr die Sonntagsevangelien, sondern laufend biblische, neutestamentliche Bücher: Matthäus, die Apostelgeschichte, die Timotheusbriefe: erst Christus, dann Paulus.

Die Konstruktion der Stellenbesetzung war interessant. An sich hätte Zwingli 1521 aufhören müssen zu predigen. Das Stiftskapitel wandte sich an den Rat: er solle der Neubesetzung der Chorherrenpfründe beistimmen. Das könne man tun, aber Zwingli solle weiterhin predigen, lautete der Ratsbescheid. Zwingli predigte auf Empfehlung des Rates, von ihm gedeckt. Sein Gehalt, so rühmte er später seine und des Gotteswortes Unabhängigkeit, kam vom Stift. Hätte ich die Pfründe aufgegeben, so wäre die Bettelei um Gehaltserhöhung angegangen. Habgier nach immer mehr wäre mein Weg gewesen, der »Gutzelweg«, auch der meiner Nachfolger. Sie hätten dem Rat schmeicheln müssen, die Standfestigkeit der Lehre wäre dahin. So bleibt es dabei: eine angemessene, bestimmte Nahrung im Jahr.

3.

Am Samstag, dem 2. April 1524, ging eine Bittschrift der Gemeinde St. Aurelien in Straßburg an den Rat. Die Kirchgemeinde erinnerte daran, daß sie vor etwa zwei Monaten um einen Prediger ersucht hatte, der ihnen Gottes Wort täglich verkünde. Denn der alte Pfarrer war dazu unfähig. Bezahlen wollte die Gemeinde den Prediger selbst.

Zur Bestellung der Geistlichen an St. Aurelien war das Thomas-Stift in Straßburg befugt und berechtigt. Seit alters, genau seit 1217. Die St. Aureliengemeinde lieferte dem Stift dafür viel Geld, auch daran erinnerte man jetzt. Der Rat hatte deshalb mit den Stiftsherren verhandelt, doch vergeblich. Er hatte jedoch erlaubt, daß ein Geistlicher, Martin Bucer, der aus Straßburg stammte, ihnen predigte. Der Gemeinde sollte das »Nötigste für diese Welt« nicht vorenthalten werden. Das, und so die Absicht der neuen Bittschrift, sollte nun fortgesetzt werden: Bucer hat gepredigt, und alle Laien des Kirchspiels waren einmütig der Meinung, daß sie das Evangelium weiterhin hören und ihr Leben danach richten wollten.

Die St. Aureliengemeinde fürchtete aber, daß Gefahr im Verzug war, denn der alte Pfarrer war sterbenskrank und die Pfarrei gab er auf – also war das Thomasstift frei, die Stelle neu zu besetzen. Die Laien handelten unverzüglich. Sie versammelten sich, wandten sich an das Stift mit der Nachricht, sie wollten selbst einen neuen Pfarrer wählen. Dazu hatte der Rat sie ermuntert, er werde sie decken. Erst versuchte das Stift, dies auf die lange Bank zu schieben. Doch als die Gemeinde bedeutete, daß ihr das nicht paßte, gab es nach: Für diesmal überließen sie die Pfarrwahl den Pfarrkindern. Und so kam die Gemeinde am 29. März 1524 wieder zusammen und wählte Bucer als den fähigsten und gelehrtesten zum Pfarrer. Denn auch die anderen Geistlichen und Prediger, die man befragt hatte, rieten zu.

St. Aurelien, die Gemeinde, bat den Rat um Zustimmung. Sie wollte Martin Bucer einsetzen, unverzüglich. Denn das ganze Kirchspiel will keinen anderen. Wahl ins Amt war nicht

Auswahl unter mehreren Kandidaten. Ein Rechtsbruch war das nicht, nur eine Neuerung, das bedrängte Stift hatte eingewilligt.

Daß im übrigen Bucer eine Frau hatte, sollte nicht gegen ihn sprechen. Es war sogar ein Punkt, der ihn empfahl. Mit unverehelichten Pfarrern hatte man Ärger genug gehabt. Einen beweibten Pfarrer gebot ja auch die Schrift, das Mandat aller Mandate. Das spielte auf die Satzung des Straßburger Rats vom 1. Dezember 1523 an, die geboten hatte, das Evangelium ohne ausufernden Streit zwischen altem und neuem Glauben zu verkündigen. Wer das tut, unverheiratet oder beweibt, meinte St. Aurelien, der ist recht.

Was erhoffte man sich von der neuen Predigt? Ein ehrbares, friedliches Leben zum Lob Gottes, einhellig, wie es der ganzen Stadt recht war. Das Evangelium und der Nutzen aller stimmten überein.

4.

Um friedlich in der Stadt beieinander leben zu können, tat Straßburg zweierlei. Nicht nur die Predigt des Gotteswortes schützte der Rat, konkret: Er verteidigte die neuen Prediger. Sondern er legte ihnen auf, das Wort so zu verbreiten, damit kein Streit entstand, zu Frieden und Einigkeit. Die Formel für diese Politik lautete: Das Wort Gottes und die Wahrheit zu schützen und zu schirmen.

Gefährdet war die Linie nicht nur durch die hohen Herren des Doms. Auch die neupredigenden Geistlichen griffen an. Zum Beispiel Matthis Zell. Er beschimpfte die Pfaffen, die nur fressen und saufen, die Frauen und Töchter der Bürger verführen, ganz offen mit »Huren« lebten, so bezeichnete er die Konkubinen. Im Meßgottesdienst schliefen die Priesterfrauen, schwätzten und gingen im Münster spazieren. Sie beanspruchten prachtvolle Ehrerbietung: Bei Gastmählern und Hochzeiten sollten ihre »Frauen« Ehrenplätze einnehmen. Die hätten ein gutes Leben.

Die Neuerung lief ohne Kritik am Althergebrachten nicht

ab. Seit 500 Jahren war das Evangelium unterdrückt. Wenn der Papst, die Bischöfe und die Priester es nicht predigen, soll man sie für Laien halten. Alle Laien, ja auch die Frauen, sind Priester und besser als die verhurten Pfaffen. Die hohen Hierarchen sind Fratzen und Vogelscheuchen, sie schrecken die Leute mit Bann, Fegfeuer, mit dem geistlichen Recht. Alles, um zu Geld zu kommen. Sie nehmen von den armen Seelen der Gestorbenen Trinkgeld, wenn sie Ablaß einnehmen.

Als ein Händler mit kleinen Bildern am 11.11.1523 im Kirchhof von St. Lorenz im Münster auftauchte, war auch das Bildchen des Papstes, Adrians VI., dabei. Matthis Zell ging hin und fragte, welches das Bild des Papstes sei, und als der Krämer es ihm zeigte, rief Zell: Bist du der Ketzer? So drehte er den Spieß um: Wer Luther einen Ketzer nannte, war selber einer.

5.

Wie in Kitzingen und Zürich wirkte in Esslingen zuerst ein Reformator vor Ort, Ambrosius Blarer. Er war von auswärts dorthin berufen.

In Esslingen entspann sich, kurz nachdem Ambrosius Blarer dort die neue Kirche eingerichtet hatte, ein Konflikt unter den neuen Geistlichen. Er reichte von persönlicher Kränkung bis zu Lehrfragen, und von den Mägden über den Rat bis zu Ambrosius Blarer, der nun wieder in Konstanz wirkte. Martin Fuchs, den der Esslinger Rat zunächst zum Pfarrer berufen wollte, geriet mit Jakob Otter, den er dann selbst als Beauftragter des Rates anwerben mußte, in einen Konflikt über die Grundlinien der neuen reformatorischen Kirche. Einem gewiß nicht objektiven Schreiben des betroffenen Fuchs an Blarer kann man genauer entnehmen, was dieser Geistliche als die grundlegenden Neuerungen des reformatorischen Kirchenwesens ansah. Er hatte sie getreu den Anweisungen Ambrosius Blarers entnommen.

Blarers Reformation der Städte folgte zwei Leitlinien: »Allein die Schrift, erst dann Kommentare« sollte der Predigt und der Auslegung biblischer Texte zugrunde liegen. Und: Nicht Polemik gegen die nun abgeschafften Zeremonien und Bräuche, vornehmlich die Messe und die Bilder der Heiligen, sondern die Besserung der christlichen Gemeinde sollte die Predigten beherrschen. Der Begriff Besserung verweist auf die religiöse Praxis des Lebens. Für die Reformation oberdeutscher Städte umfaßte das stets die Ausrichtung des individuellen sittlichen und des kommunalen, politischen Lebens. Das bedeutete Friede und die Einigkeit der Stadt als oberste Regel. Als deren Wahrer ist die Obrigkeit genannt. Diese übt ein Amt aus, sie ist nur so zu Herrschaft berechtigt. Die Lehre zielte auf die Praxis der Religion, und zwar so, daß die politischen Grundnormen eingestellt wurden.

Das, so erläuterte Fuchs, gebe nicht Anlaß zu Klagen, wohl aber die Organisationsebene. Blarer hatte, einem Züricher Vorbild folgend, eine wöchentliche Zusammenkunft der Ortsgeistlichen eingerichtet. Sie sollte die Kirche leiten. Hier sollte fortlaufend »Reformation« bedacht, sollten Mängel und Fehl angebracht werden. Dann trieben die Geistlichen Auslegung der Bibel. Diese »Konvokation« sah Fuchs als einen festen, grundlegenden Bestandteil der Kirche an, weil, wie er sagte, das treuliche und brüderliche Miteinanderhandeln sich hier vollzog. Christliche und brüderliche Liebe sollte bei den Geistlichen gelebt werden.

Gegen diesen Punkt verstieß Jakob Otter. Fuchs sagte dabei nicht, daß der Rat das billigte. Otter handele, so Fuchs, wie es ihm gefalle. Otter war stolz und hochmütig. Der auf die Person gemünzte Vorwurf verdeckt, daß Fuchs sich gegen die Überordnung wandte, eine wiedereingeführte Hierarchie in der Kirche. Die Konvokation der Geistlichen drückte gelebte brüderliche Liebe aus. Die Position des Otter kennzeichnet Fuchs so: er berufe sich darauf, ein Superattendent zu sein. Das war der Titel der lutherischen Landeskirchen.

Auch die zwei folgenden Klagen sind hochinteressant für die Wirklichkeit der städtischen Reformation. Der Armenkasten war ein Fehlschlag: »So gibt man schier nichts mer in das secklin«, und die Kontrolle des Sittenlebens, die Bannordnung, wurde nicht gehalten: »So habend mir izund gar kain Ban.«

Fuchs mußte die Reichsstadt verlassen und fand im 1534 reformierten Württemberg eine Pfarre, Otter, vom Rat unterstützt, blieb. Der Rat hatte dies entschieden. Er gewann höheren Einfluß auf die Kirche, oder vielleicht sollte man sagen: Er war gezwungen einzugreifen.

6.

Katharina Zell, die Frau des Matthis, veröffentlichte 1557 ihre kritische Sicht der Bestrebungen, die Kirchen in den oberdeutschen Städten mit Luthertum zu durchsetzen. So schrieb sie an Ludwig Rabus, der von Straßburg nach Ulm berufen worden war. Die Witwe des ersten Reformators der Stadt Straßburg klagt die ursprüngliche Reformation ein. Nichts Geringeres als Rückfall ins Papsttum und Abfall vom Ursprung stellt sich ihr dar. Die »jungen Prediger« berufen sich auf Luther, doch sie fahren über ihn hinaus. Sie erheben sich über den, den auch Katharina Zell als genuinen Reformator anerkennt. Indem sie sich auf ihn berufen, belasten sie die Kirchen mit »so vil Ceremonien... singen und pfeiffen«. Der Gottesdienst wird elaboriert, die anderen Reformatoren werden ausgegrenzt, »sie wöllen Zwinglin und andere hoch schelten«. Sie beruft sich dagegen auf den Luther, der zu ihrem Mann und ihr in Wittenberg gesagt habe: »Hütet, hütet euch, daß ihr nimmermehr wiederum eindringen laßt, was abgetan ist und keinen Grund in der Schrift hat.« Das unnütze Gaukelwerk in Gottesdiensten verrät das stille und demütige Handeln der wahren reformatorischen Predigt. Religion, wieder veräußerlicht, dient dazu, das Grundübel zu verdecken, gegen das sich Luthers Reformation wandte. Man fordert wieder Konformität, will sagen fleißiges Predigthören. Auch Taufe und Abendmahl werden zum äußerlichen Werk, das genügt. Es verdeckt aber nur Feigheit und Mutwillen, Geiz und Wucher im Leben. So wird das Werk der ersten Reformatoren, die im Grab sind – ihr eigener

Mann, Luther und Zwingli, auch der Basler Ökolampad – mit Füßen getreten.

Die subjektive Sicht dieser Frau bildet immerhin eine Perspektive der Geschichte, wie sie erfahren wurde. Sie kann sicher nicht verallgemeinert werden. Doch sie schärft den kritischen Blick auf die Wirkungen, die zwischen Konfessionalisierung und religiöser Gleichgültigkeit hin und her liefen. Die Visitation des lutherischen Johann Marbach 1554 hatte einen Tatbestand aufgedeckt, der mit der neuen Werkgerechtigkeit, wie sie die Witwe des Matthis Zell beklagte, zusammentrifft: Damals hatten Dörfer um Straßburg geklagt, daß am Sonntag von morgens an die Bürger aus der Stadt haufenweise hinausliefen. Weder in die Morgenpredigt noch in die nachmittägliche Kinderlehre gingen sie. Dadurch gaben sie böse Beispiele. Das große »uberlauffens gemeiner Burgerschafft auß der Statt uff den Sonntag«, die Sonntagsspaziergänge während der Predigten, hätte man, wie die Straßburger Geistlichen es beantragten, abstellen können, wenn man die Tore erst nach Ende des Predigtgottesdienstes geöffnet hätte. Mehr als eine bürgerliche Gerechtigkeit der Werke wäre auch dann nicht herausgekommen. Die Klagen über kirchliche Indifferenz sind allgemein.

Der Bauer von Wöhrd

1.

Der »Bauer, der nicht lesen und schreiben kann«, kam Ende Mai 1524 aus Nürnberg. Dort hatte ihm der Rat zu predigen untersagt und, wenn er das nicht tue, die Stadt verboten. Nach Kitzingen holten ihn Privatleute. Vorsichtig gemacht, stellte er sich dem Rat der kleinen Stadt vor und ließ sich verhören. Doch der und die Schriftgelehrten waren sich einig: Der Bauer predigte dem Wort Gottes gemäß. Also hielt Diepold Peringer Predigten, auf öffentlichen Plätzen. Eine am Sonntag Trinitatis auf einer Kufe im Kirchhof der Pfarrkirche, die andere vor dem Frauenkloster, von der Äbtissin gebeten, die dritte am Kirchweihtag auf dem Friedhof der Johanniskirche auf einer Kanzel, die der Rat für ihn zimmern ließ, über die zehn Aussätzigen. Denn viel Volks war zu erwarten. Es kamen auch viele, aus Stadt und Land, wenn freilich die Zahl 8000 nur besagt, daß es sehr viele waren, jedenfalls mehr als die 3000 Kitzinger.

Nur drei Predigten hielt der Bauer von Wöhrd, dann verbot der Fürst, Markgraf Kasimir, seine Auftritte. Er schrieb an seinen Kitzinger Amtmann und den Rat am 27.5.1524, die Predigten des Bauern mißfielen ihm, sie seien sofort einzustellen. Dennoch ließ der Rat die Kirchweihpredigt noch zu. Er verteidigte den Bauernprediger, sich selbst natürlich auch, in seiner Antwort an Kasimir. Aber der schrieb am 10.6. nochmals: In Kitzingen seien genug geordnete Prediger. Er wiederholte damit nur die Begründung, die auch Nürnberg sich überlegt hatte. Er sei ein frommer, christlicher und gottesfürchtiger Fürst und die Kitzinger sollten als fromme Leute gehorchen.

Der Bauer von Wöhrd verschwand aus Kitzingen. Es war sicher kein Analphabet, gewiß kein Bauer, sondern ein studierter ehemaliger Mönch oder Pfarrer, aber kein Scharlatan.

Er gab sich wie ein Bauer: Sein Aussehen, seine Gesten und seine Aufführungen waren bäurisch – er hielt ein Buch, das man ihm reichte, verkehrt herum. Was er sagte, so gab das Schreiben des Rats von Kitzingen den Befund wieder, war lauteres und reines Gotteswort. Dies bestätigten seine gedruckten Predigten: Sie strotzten von Schriftzitaten. Wenn rustikal einfach und ohne Kunst der Rede bedeutet, dann waren dies Bauernpredigten.

2.

Der »Bauer von Wöhrd« kam vielleicht aus der Ulmer Gegend, »aus dem Ries« wurde er auch genannt. Vielleicht hieß er auch Schuster. Er soll Mönch gewesen sein, doch eine Bauersfrau auf dem Markt erkannte in ihm ihren Dorfpfarrer wieder. In Wöhrd bei Nürnberg hatte er sich aufgehalten, einen Hof erhalten, auf einer Wiese gepredigt, auf einem Faß, auf einem Hof oder aus einem Wirtshausfenster. Einmal hielt er seine Zuhörer anderthalb Stunden in Bann. Einfache und Studierte, Bauern und Städter hörten ihm zu, Reiche luden ihn ein, dabei legte er die Stiefel auf die Bank oder auf den Tisch – eben wie ein Bauer. Man wollte ihn hören, wie den Pfeifer von Niklashausen, der vor einem halben Jahrhundert Massen angezogen hatte. Diepold Peringer war nicht die einzige Predigergestalt, die sich als Laie ausgab. Doch ihn ließ der Rat mehrmals ermahnen, anderen, wie dem Leinweber Gall, drohte er gleich Strafe an. Eine Frau stellte sich in der Spitalkirche mit einer Weinflasche hin und fing an zu predigen. Doch ein Umstürzler war der »Bauer« nicht. Als der Nürnberger Rat ihn aus der Stadt wies, berief er sich auf den Rat Gottes, aber er ging. Auch aus Kitzingen wich er, zuletzt hörte man ihn in Rothenburg ob der Tauber vor dem Rödertor auf der Schießhütte und in Kobelzell. In Württemberg sei er enthauptet worden, wegen des Wortes Gottes. Eine flüchtige Figur? Eher einer, der die Zeichen der Zeit lesen konnte und sich in die Zeit einschrieb. Eine Nürnberger Predigt wurde achtmal nachgedruckt.

Eyn Sermon geprediget vom Pawren zů Werdt/ bey Nürmberg/ am Sontag vor Faßnacht/ võ dem freyen willen des Menn= schen.

3.

Kein Wort kommt in dem Schreiben des Kitzinger Rates vom 30. Mai 1524 häufiger vor als »Wort Gottes«. Der »Bauer« selbst berief sich darauf, Gott habe ihm den Geist der Wahrheit seines göttlichen Wortes gegeben und ihm geboten, dies seinen Nächsten und Mitbrüdern mitzuteilen. Der Nürnberger Rat stellte im Dezember 1523 schon fest, der »Bauer aus dem Ries« disputiere aus der Bibel vom Gotteswort. Rat und Gelehrte in Kitzingen befanden, der »Bauer« sei erleuchtet vom Wort Gottes. Seine öffentlichen Predigten, so bezeugten wiederum die Gelehrten, verkündigten das wahre lebendige Wort Gottes und den rechten christlichen Glauben lauter und rein. Dies hatten Rat und Volk als durch Gottes Willen gewollt, sie schrieben: »geordnet«, angenommen; denn der Geist der Wahrheit weht, wo er will. Der Fürst sei doch dem ewigen, unvergänglichen, heiligen Wort Gottes auch zugetan. Man bitte ihn, nicht ungnädig zu sein über ihr Verhalten zu Lob und Preis des ewigen Wortes Gottes, die Speise der Seelen nicht zu verhindern. Zumal der Obrigkeit und ihren Einkünften gar kein Abbruch geschähe.

Die überlieferten Texte seiner Predigten entsprechen diesem Sachverhalt. Der Bauer wies einmal auf das 13. Kapitel des Römerbriefs hin mit der üblichen Auslegung, daß die weltliche Gewalt von Gott sei, und daher sei man einem frommen Oberen, dem das Schwert übergeben ist, Ehre zu geben schuldig. Diese Predigt hat kein Interesse, die Welt oder die Machtverhältnisse zu ändern. Mit einer Ausnahme: Die Herrschaft der Geistlichen wird nicht mehr anerkannt. Die Predigt nennt sie ungeistlich und geistlos, sie wollten über jeden herrschen. Man soll sich zu ihnen verhalten wie zu Gebannten: Nichts mit ihnen zu schaffen haben, sie nicht einmal grüßen. Christus aber sagte: Ich bin gekommen zu dienen. Wer wie die geizigen Geistlichen den eigenen Nutzen sucht, der kann das Wort Gottes nicht richtig predigen.

Denn darauf kommt alles an: Gott allein zu dienen, vor allem das Reich Gottes zu suchen. Dazu weist nur die Heilige

Schrift den Weg, das Wort Gottes greift ins Herz. Allein Gott will uns durch seinen Heiligen Geist das Gesetz ins Herz schreiben. So ist Christus auch nicht an einen bestimmten Ort gebunden, wie das die Geistlichen sagen, die sich durch ihre eigenen Werke rechtfertigen wollen: »Denn Gott ist dir ebenso ein gnädiger Gott im Kuhstall wie in der Kirche.« Das Geld, das man für die Ausstattung der heiligen Kirchen gibt, ist besser, weil dem Evangelium gehorsamer, angewendet, wenn du es einem armen Mann gibst. Willst du Gott finden, so gehe ins Haus deines Nachbarn, der kleine Kinder hat, die Armut und Krankheit leiden.

Aus diesem simplen sozialen Verhalten ergibt sich, daß die Heiligenverehrung abgelehnt werden muß. Nicht Maria oder Heilige, sondern Christus allein hat für uns gelitten. Die Heiligen sind bloß Lockvögel des »beschornen Haufens«, der geistlichen Sekte, die sich abgesondert hat. Die Klöster sind Höllenhäuser, der Papst ist der Endchrist. Vor dem Ende der Welt kommt der große Abfall.

Aus dem Ägyptenland des Pharao muß man ausziehen. Wie Christus von dem Ackermann sprach, der seine Hand an den Pflug legt und nicht zurücksieht, so sollen wir uns nicht nach unseren Eltern umsehen, sondern »stracks fort gehen«. Wenn wir das Götzenwerk verlassen und auf Gott unsere Hoffnung setzen, dann wird er uns erretten aus der Babylonischen Gefangenschaft. Gott wird ohne allen Schwertschlag den Pharao verderben, wenn wir darum beten.

Keine Revolution, nur wenig Konkretion, eigentlich nur in dem, was verneint ist: Keine Prozessionen oder Wallfahrten – unnütz, keine Heiligenverehrung – dies alles dient der Herrschaft der Geistlichen. Keine althergebrachte Bauernweisheit oder aktuelle Bauernnot, sondern Schriftworte und ihre Auslegung, viele Zitate von Versen der Heiligen Schrift, aus dem Alten und Neuen Testament. Und zwar ganz im Sinne des Martin Luther: allein Christus, allein das Wort und der Glaube, Gott vor allem. Der Bauer, »der weder lesen noch schreiben kann«, kannte die Schrift, wie schon die Kitzinger bemerkten. Er kannte auch Latein: Wenn Maria im vierten

Fall steht, sagte er »Mariam«, und hinter dem deutschen »unter« steht der Fall der lateinischen Sprache, (sub) Pharaone. Der Bauer kannte auch die gelehrten Autoritäten der Kirche, angefangen von Augustin bis Duns Scotus, die Namen wenigstens. Und einmal fällt er absichtlich aus der Rolle: Nun muß ich auch einmal Latein reden, wiewohl ich ein Bauer bin, und er fügt dann recht gelehrt die hebräische und die griechische Wortbedeutung, die für *adorare* stehen, hinzu.

Also war es eine Rolle, die er annahm. Die Aufführung hat ihre Bedeutung. Christus sagte, so führt der »Bauer« in der Vorrede aus, die Christen müssen alle von Gott gelehrt sein. Auf die Universität braucht man dazu nicht. Die Apostel haben auch nicht studiert. Aber die Pharisäer und Schriftgelehrten, die Papisten, werden um so zorniger, wenn ihnen ein Bauer die Wahrheit sagt. Darum predigte Peringer als »Bauer, der nicht lesen und schreiben kann«.

4.

Peringer, der Wanderprediger, kam aus der Ulmer Gegend. Johann Eberlin, aus Günzburg, war dort Franziskaner. 1524 wanderte auch er und tauchte in Rheinfelden am Hochrhein auf. Vor wenigen Tagen, so das Vorwort zu seinem noch im gleichen Jahr in Straßburg gedruckten »Spiegel eines christlichen Lebens«, hatte er dort gepredigt. Mit viel Erfolg, doch einige glaubten, das hergebrachte Leben in der Kirche sei doch nicht so unrecht. Andere vergäßen die Predigten oder hätten schlecht aufgepaßt. Oder sie lesen die kleinen Schriften, gar die Bibel nicht. Die Franziskaner hatten alte Erfahrung mit solch mobiler Predigt und der Flüchtigkeit der Erinnerung an das Heil. Daher schrieb der ehemalige Mönch nun ein Lehrbüchlein, täglich anzusehen, wie man in den Spiegel schaut. Es ist möglich, daß diese kurze Schrift zusammenfaßte, was Eberlin gepredigt hatte.

Der Aufbau des Arguments ist einfach. Zuerst sind immer Worte aus der Heiligen Schrift gegeben, dann folgt die Lehre, positiv für das christliche Leben und negativ in dem, was man nicht mehr braucht vom »alten Wesen«. So steht gleich zu Beginn Matthäus 1,21: »Du solt nennen seinen namen Jesum, wann er wirt erlösen seyn volck von iren sünden«, gefolgt von Johannes 1,29: »Nempt war, das ist das lämlin Gottes, welches hyn nimpt die sünd der weltt.« Und von dem Erlöserwerk Christi geht Eberlin zur Lehre von der Gerechtigkeit durch Werke über. Paulus schrieb den Galatern 2,2: Aus den Werken des Gesetzes wird niemand fromm, und Römer 23,24: Alle Menschen sind Sünder..., werden aber ohne Verdienst gerechtfertigt aus Gnaden durch die Erlösung. Der erste Kreis schließt sich mit Lukas 22,20: »Das ist der kelch, das neüw testament in meynem blut, welches für euch vergossen wirt.« Die Ableitungen: Kein Menschenwerk kann die geringste Sünde tilgen, auch nicht die Buße vor Priestern. So würden eigene Werke an die Stelle Christi gesetzt, dessen Verdienst allein uns den zornigen Gott zum Freund macht. Nicht wir, sondern Gott fängt an, uns fromm zu machen.

Dieser Tenor: Nicht wir, sondern Christus/Gott, erlaubt es, viele heilige Aktivitäten zu entwerten, das christliche Leben dann für den Alltag geltend zu machen: Nicht Rosenkränze, Psalterbüchlein, regelmäßige Gebete etwa zu sieben Tageszeiten, also das aufwendige Gebet der Frommen, sondern das Herz, das im Ernst mit Gott handelt, die »Erhöhung des Gemüts« heißt beten. Nicht an bestimmte Orte ist das Heilige gebunden, wie bei Wallfahrten vorausgesetzt, und vergebens läuft man täglich in die Kirche, als ob Gebet zwischen geweihten Mauern Gott angenehmer wäre: Bleib am Werktag daheim bei deiner Arbeit, »du hast nichts in der Kirche zu schaffen«. Wenn Gott zu dem Mann sprach: Im Schweiße deines Angesichts sollst du dein Brot essen, ist der Müßiggang, der Bettel der Orden verurteilt. Die Geistlichen mit ihrem ausführlichen Gottesdienst vollbringen nur Lippendienst. Fasten und Ehelosigkeit bringen vor Gott nichts.

Wie soll man leben? Gott macht uns fromm und gut, den Nächsten zu lieben. Auch das wird veralltäglicht: Dies heißt nichts Außerordentliches, sondern seinem Nächsten nützlich und besserlich sein, ein jeglicher in seinem Lebensstand. Die

Ehefrauen seien den Männern gehorsam, Kinder sollen die Eltern ehren, Eltern die Kinder erziehen, Knechte treu dienen, Herren sich freundlich gegen sie verhalten.

Alle Christen richten sich nach der Bibel aus: Die Eltern lehren die Kinder die Zehn Gebote. Weltliche Herren und Verpflichtungen gegen sie hebt die christliche Lehre nicht auf.

Zuletzt dann der Grundsatz: »Christus ist unser Leben.« Er hat dir einen gnädigen Vater gegeben, so daß du Gott lieben kannst wie deinen besten Freund. Du kannst ihm vertrauen. Alles Liebes oder Leides schenkt dir Gott. Laß ihn die Welt nach seinem Gefallen regieren, steh still und bitte Gott um Gnade für dich und andere. Dann hast du Frieden.

Predigtstörung in St. Anna, Augsburg 1523

1.

Der Prior der Karmeliter, Johann Frosch, predigte am 22. Oktober 1523 in der Augsburger St.-Anna-Kirche. Danach griffen mehrere Männer und Frauen einen Mann an, der in der Predigt gelacht hatte. Man vermutete Übles, weil es der bischöfliche Pedell, Nikolaus Hirsmann, war. Gelacht hatte er, weil Frosch sagte, ein »Salve« sei zu Gottes Lob und Ehre gemacht – wo doch jeder wußte, daß es das »Salve, Maria« war. Und so wurde er erkannt, man zeigte auf ihn und rief: Der ist's, der ist's, der Verräter und Verfolger.

Warum ging Hirsmann in die Predigt? Er schützte vor, man redete so viel von Frosch, daß auch er etwas »lernen« wolle. Sicher, meinten die Hörer, weil er ihn abhören wollte. Denn kurz zuvor, am 12. September, war ein anderer evangelischer Prediger verhaftet worden, Caspar Adler. Tatsächlich, sagten Zeugen aus, berief sich der Büttel auf seinen Bischof: er sei in St. Anna im Auftrag seines Herrn. Schließlich bekomme er Lohn von ihm, 100 Gulden. Da kam es zum Wortgefecht, einer »Disputatz«. Hans Herwart, ein hochangesehener Patrizier, entgegnete: Gott ist Herr. Darauf Hirsmann: Mein gnädiger Herr ist mein Herr, und er, Herwart, sei auch sein Herr.

Es ging also darum, wessen Auftrag galt: der Gottes, den man in der Predigt erkannte, oder der des Bischofs, es ging auch um die Ehre Gottes und die der Herren, die obenan standen in der Gesellschaft.

Herwart lehnte es ab, ein Herr zu sein. Als Hirsmann zurückfragte: Warum laßt ihr es denn zu, daß man euch einen Herrn nennt, ging Herr Herwart mit den Worten: Danke dem Teufel, der mich einen Herrn schilt. Vielleicht meinte er, daß die Herrschaft Gottes der Macht der weltlichen Herren übergeordnet sei. Nur der Teufel brachte die Ordnung durcheinander.

Der Streit ging weiter, da Hirsmann sich drohend äußerte: Adler habe er verhaftet, weil es sein Herr ihm befahl, und wenn er es ihm gebiete, kämen auch noch andere dran, Pfaffen, Mönche und andere. Man hat einige bestraft, es müssen noch mehr dran. Er sei ein Schelm, ein ehrloser Verbrecher, hieß es nun. Und weiter stellten einige Augsburger die geistliche Gerichtsbarkeit in Frage: Hirsmann nannten sie einen Judas, einen Verräter Gottes. Ja, böser als ein Judas, schrie ein Weber: »Dann Judas hat Christus allein verrathen vnd nit verlogen. Aber du hast das wort rain empfangen vnd wilts Jetzo verkeern vnd dazu den Prediger verliegen.«

Was hatte der Büttel verdreht? Hirsmann hörte Frosch sagen, wenn Christus jetzt auf die Erde käme, würden Papst und Kaiser ihn wieder kreuzigen, so wie die Pharisäer es getan hatten. Also heidnisch und christenverfolgerisch waren die höchsten Autoritäten der Christenheit. Daß Frosch dies sagte, bestritten die Hörer. Wenigstens, erwiderte Hirsmann, hat er gesagt, dem Papst und dem Kaiser braucht man nicht gehorsam zu sein – daher kam es also, daß man sich stritt, wer der Herr sei, Gott oder die hohen Herren in Reich und Kirche.

Die Autorität des Bischofs wurde glatt in Frage gestellt. Ein guter Christ hätte das Pfäfflein, den Caspar Adler, nicht gefangen, sagte einer. Eine kleine Frau drängte sich vor und sagte zum Büttel: Ich scheiße auf dich und deinen gnädigen Herrn. Die Verachtung gab Hirsmann zurück: Schöne Frau, geh weg. Mundfertig gaben die Frauen gleich heraus: Die »schönen Frauen« sind in den Pfaffenhäusern. Von denen nimmt der Bischof im Jahr 1500 Gulden ein. Ich kenne keinen größeren Hurenwirt im Land als den Bischof. Wenn du ihm alles sagst, kannst du ihm das auch sagen.

Die Kritik an der geistlichen Herrschaft wurde konkret. Die Erlaubnis für Geistliche, mit Weibern zusammenzuleben, und die Gebühren dafür hielten diese Frauen für sittenwidrig wie Bordelle. So konnten Frauen den Bischof mit einem Bordellverwalter vergleichen. Er war des Teufels.

Die Laien setzten den Gott der Wahrheit gegen den Herrn der Augsburger Kirche, den Bischof. Sein Diener war ein

Judas. Und schlimmer noch: Das Wort Gottes hatte er rein empfangen, und doch verdrehte er es.

Ein Laie drückte die Macht des Wortes Gottes noch besser aus: »Ich will nichts mit dir handeln«, sagte er zum Pedell, »als mit dem Gotteswort, davon mußt du erwürgen.« So mächtig galt das Wort der Predigt, wenn es die Wahrheit Gottes war.

2.

In der St.-Georgs-Kirche in Nördlingen störten im Frühjahr 1522 zwei Studenten die Predigt. Sie machten Eselsohren. Stieg der Pfarrer von der Kanzel, stellten sie ihn zur Rede, der Priester wurde beim Rat vorstellig. Der befand, das könne zu Aufruhr führen. Jedenfalls war es gegen das Wormser Edikt, das man befolgen wollte. Demnach hatten die beiden sich als Lutheraner offenbart: »Man soll mit den Pfaffen reden, damit sie die Wahrheit sagen.« Johannes Gerung und Johannes Han verwies der Rat aus der Stadt, obwohl sie als Studenten nicht dem Gericht der Stadt, sondern dem ihrer Universitäten unterstanden. Gerung hatte sein Grundstudium 1518 in Leipzig beendet, ab 1520 studierte er in Wien, Han ab 1519 in Heidelberg. Er wurde im selben Jahr Pfarrer in Sulzfeld, dort blieb er vierzig Jahre lang. Gerung könnte der spätere Nördlinger Schulmeister gewesen sein.

3.

Der Helfer in Zollikon bei Zürich, Nikolaus Billeter, betrat am Sonntag, den 29. Januar 1523, seine Kirche, um die Predigt zu halten. Am Fuß der Kanzelstiege hielt ihn ein Mann auf, Jörg Blaurock, so genannt, weil er blau gekleidet war. »Was willst du tun?« – »Ich will das Gotteswort predigen.« – »Nicht du, ich bin gesandt zu predigen.« – »Ich bin von den Oberen beauftragt.« Die Chorherren am Großmünster hatten ihn geschickt. Doch Blaurock brachte den Helfer beinahe dazu, aus der Kirche zu gehen. Laien riefen ihn zurück. Billeter bestieg nun die Kanzel, er mahnte das Volk vor Unruhen. Wer ihm Irrlehre nachweisen wollte, sei aufgefordert, das in seinem Haus zu tun, nicht öffentlich »unter der Menge«. Wieder störte Blaurock: »Es steht geschrieben, mein Haus ist ein Bethaus«, ihr aber habt es zu einer Räuberhöhle gemacht, fuhr der Text fort. Blaurock schlug mit einer Rute mehrmals auf die Bank. Wie Jesus bei der Reinigung des Tempels von Verkäufern und Käufern die Wechslertische umstieß und die Stühle der Taubenkrämer.

4.

Leo Jud, Prediger an St. Peter in Zürich, handelte ebenso. Anfang Juli 1523 ging er zur Frühpredigt des Augustinerpriors. 27 Jahre lang hatte der Mönch dort gepredigt und war beliebt. Als er sagte, wir müßten unsere Sünden selbst büßen, unterbrach Jud ihn höflich: »Hört einen Moment zu, ehrwürdiger Pater Prior«, und fuhr fort: »Ehrbare Bürger, keine Beunruhigung. Ich spreche aus ganz christlicher Meinung«, und stellte dar, wie er es sah.

Juds Einbruch in die Predigt des Konkurrenten rief böse Kommentare der Hörer hervor. Mit dem Predigen macht man nur Ketzer, Schelme und Diebe, kommentierte Hans Sager auf dem Heimweg. Was Zwingli predigt, ist Ketzerei, wie das Neue Testament, der Jud ist ein Narr. Das ist hussitischer Aberglaube. Alles kommt von Hus her, der ist verbrannt worden. Ulrich Schwab sah die zivile Seite: Das alles bringt Tumult, Unruhe und große Widerwärtigkeit. Hans Schönenberg wurde zu Hause überhört, als er rief: »O Judenschul, o Judenschul! Der Teufel soll die evangelisch sind und es mit dem Gotteswort halten holen.« Rudolf Buchterli, der Schneider, rief zurück, der Teufel solle die holen, die gegen Gottes Wort und Evangelium sind.

5.

Die Predigtstörungen bezeugen, daß das Heilige in Kommunikation überführt worden war. Der Prediger konnte die Laien ansprechen, wie es der Pfaff zu Wytikon tat, Wilhelm Röubli. Am Sonntag nach Ostern 1523 hielt er in Schwerzenbach die Predigt vom reichen Mann und armen Lazarus. »Du reicher Mann, du verstößt deine Kinder und Töchter in die Klöster, damit du dich zu Hause besser voll essen kannst.« An einige Nonnen gewandt: »Ja, ihr Klosterfrauen sitzt da; es wäre besser, ihr tretet aus und nähmt Männer«, ihre Sexualität, wenn sie nicht durch Buhlen befriedigt werde, stillten sie selbst. Dann kam der Bürgermeister dran: »Du stinkender Bürgermeister, da sitzt du in deinem Sessel, wenn du so dasitzt, fürchtet man dich. Aber du frommes Bäuerlein, wüßtest du, wie fromm du wärest. Vielleicht ist es besser, du weißt's nicht.« Schließlich: »Herr Pfarrer Jakob, du hast mir doch gesagt, du hättest eine Ehefrau genommen, sieh zu, daß du mit ihr zur Kirche gehst, damit man sieht, daß ihr Eheleute seid.«

Auch der Leutpriester zu Richterswil redete die Knaben und Mädchen an: Wenn ihr die Natur, gemeint war die Sexualität, nicht mehr verheben könnt, bittet euren Vater oder eure Mutter, euch mit einem Mann oder einer Frau zu versehen. Kannst du um Schübli oder einen Unterrock bitten, bitte sie auch um Hilfe gegen die bedrängende Sexualität.

Predigt konnte zum Zwiegespräch werden. Das schloß Widerrede ein.

Das Gespräch eines Juden und Christen – Wie entsteht eine Flugschrift?

1.

Zwei Reisende zu Pferd trafen sich, vielleicht 1524, unweit Nürnberg auf der Landstraße. Einer kehrte aus Italien, aus Bologna, zurück und wollte in die große Stadt, der andere kam daher. Da es Abend wurde, fragte Johannes, ein Jurist, ob er in Nürnberg noch Einlaß finde – denn die Städte verschlossen zur Nacht ihre Tore. So kamen die beiden Fremden nicht nur ins Gespräch, sondern blieben beieinander für die Nacht. Der nach Nürnberg wollte, kehrte nun in das Wirtshaus ein, das der andere kannte.

Der Wirt des Dorfgasthofs war zuvorkommend, aber auf die Frage, was er denn zu essen bieten könne, sagte er, es sei Fastenzeit. Sie begann in diesem Jahr am 10. Februar. Daher gebe es nur Erbsenbrei und Brathering. Ich meinte, so Johannes zum Wirt, ihr eßt Fleisch und seid gut lutherisch? Doch professionell erwiderte dieser: Was geht mich Luther an? Der Jurist, der beim Studium in Italien von der neuen Lehre begeistert worden war, belehrte den Wirt darauf von der christlichen Freiheit der Speisen: Gott hat alles geschaffen, und nichts außer dem Baum des Guten und Bösen verboten. Christus sagte Matthäus 15, (17–20): Was zum Mund eingeht, verunreinigt nicht; was aus dem Herzen kommt und zum Mund herausgeht, das verunreinigt. Ebenso Paulus im Römerbrief (14,17): Das Reich Gottes steht nicht in Essen und Trinken. »Darum tragt her, was ihr habt.«

Dann bringe ich Würste: Es kostet euer Geld, und ein Spruch Gottes ist mir lieber als alle Gesetze und Bücher des Papstes. Denn Johannes hatte nicht unterlassen, auf die Fastengebote, die der Papst eingeführt hatte, hinzuweisen, er nannte ihn auch gleich den Antichrist. Der andere Reisende aß die Schweinswürste nicht, denn er war Jude. Er wollte wegen eines Bibeldrucks nach Venedig, wenn er aus dem Orient, aus Konstantinopel, zurückkam, wohin er einen Brief der jüdischen Gemeinde Prag bringen wollte.

Die Gespräche gingen durch die Nacht, am Morgen ritt der Jude weiter. Bis zum Mittag belehrte der Jurist den Wirt, dann reiste auch er weiter nach Nürnberg. Die beiden Gesprächspartner ließen die gleichen Themen aufkommen: Das Gesetz des Alten Testaments und die Propheten haben auf Christus hingewiesen, der von den Juden verfolgt und getötet wurde. Nun ist die Endzeit nahe, noch sind Juden blind. Wir sehen uns wieder im ›Tal Josaphat‹, so verabschiedet der Christ den Juden Vivus: also dem Ort des Letzten Gerichts. Ebenso sind aber auch Christen vom Gesetz des Papstes gefangen, doch ist das Evangelium Christi durch Luther, das Werkzeug Gottes, entdeckt.

Beide, die Hohenpriester und Bischöfe, wollen herrschen und sind eigennützig. Und sie machen mit ihrer Vernunft Gesetze. Es sind Sekten, wie die Mönchsorden. Christus aber wird sie richten, der Erlöser tut alles, die eigenen Werke helfen nicht zur ewigen Gerechtigkeit. Geistliche sind Gesandte Christi, die nur ihren Unterhalt wollen, die verheiratet sein können. Die Bischöfe werden, so hofft Johannes, nun durch den Heiligen Geist erweckt, sie werden predigen und die Bibel studieren. Nicht die teuflische Tradition der Kirchenväter und Konzilien soll den Christen bedrohen, sondern die Bibel, die klar in sich ist, und in den Gesprächen durchgängig herangezogen wird, weist den Menschen auf den Weg zur ewigen Seligkeit. Und schließlich lehrt der Gast den Wirt die Bücher der Bibel. Man kann sie jetzt auf deutsch lesen: Luther hat sie übersetzt.

Als der Gast abgeritten ist, heißt der Wirt den Hausknecht, alle Gespräche aufzuschreiben, nach Nürnberg zu bringen, um sie dort drucken zu lassen. Der Gast soll dann im Wirtshaus den geschriebenen Text korrigieren. Ob er nicht seinen Namen ans Ende schreiben wolle, fragt der Wirt den Knecht. Denn wer mich bekennt vor den Menschen, den wird der Sohn des Menschen auch vor seinem Vater bekennen.

Dies Gespräch in einem zeitgenössischen Druck kann natürlich erfunden sein. Der Autor hat es dem Alltag nah verfaßt, so daß man sich leicht vorstellen kann, alles sei so gesprochen worden. Wie bei einem Alltagsgespräch scheinen die Themen dauernd zu wechseln. Doch kreisen sie um zwei Linien: die Situationsbestimmung und die Mitte des Evangeliums. Diese Zeit ist der Endzeit nahe, der Antichrist ist der Papst, Gott hat Luther geschickt, der das Evangelium gegen die Gesetze und Sekten der Kirche wieder zugänglich macht. Diese Zeit ist dem Auszug der Juden aus Ägypten gleich. Das Evangelium hat seine Mitte in der Erlösung durch Christus. Die Bibel dokumentiert das Heilsgeschehen.

2.

Das wird nun durch ein weiteres Element illustriert: Der Jude hat ein Bild mitgebracht. Er hat es nicht in Nürnberg, sondern im Land Meißen gekauft. Dies Bild, ein Stich, wird danach laufend ausgelegt. Es zeigt noch vollständiger die Deutung, die im Gespräch vorgetragen wird.

Erst vor kurzem ist es gelungen, diesen Holzschnitt, der dem Druck nicht beigegeben war, obwohl der Text so sagte, ausfindig zu machen. Er gliedert sich in dreieckige Felder und in Kreise. Dreiecke und Kreise überlappen sich, die Dreiecke der rechten und der linken Bildhälfte überschneiden sich in der Figur des Christus am Kreuz. Um das Kreuz ist auch der einzige ganze, heile Kreis gezogen, in den der obere Kreis hineinragt, aus dem der untere aber herausfällt. Christus am Kreuz ist die Mitte. Daß oben der Himmel, Gottvater und der Geist – sie bilden wieder einen Kreis – und unten die Welt und die Hölle in einem Kreis gezeigt sind, verstehen wir auch noch heute. Auch rechts und links haben eine Bedeutung, wenn man sich in die Lage des Christus versetzt. Links stehen dann die Bösen, rechts die Guten.

Die Felder des Bildes sind mit Ziffern versehen, in deren Reihenfolge soll der Betrachter sie lesen. Die 1 ist identisch mit der Seitenwunde am Leib des Gekreuzigten. Die Ziffer 2 steht über dem guten, dem reuigen Schächer rechts. Er symbolisiert, wie die beigedruckte Inschrift sagt, die evangelische Predigt: Ein Prediger, »wie Luther und andre«, weist nach oben. Links, bei 3, weist der Predigende nach unten, so als ob er auf die Hölle zeige. Die nächste gerade Zahl steht bei der geöffneten Tür oben rechts vom Kreuz. Christus tritt als der Auferstehende aus dem Grab. Der Leuchter, siebenarmig, soll die Verbindung zum Alten Testament herstellen: Das Licht ist in Christus. Schon bei 2 war eine Sonne abgebildet, während bei dem Prediger links (3) der Mond das Dunkel der Nacht symbolisiert. Der offenen Tür bei 4 entspricht auf der anderen Seite bei 5 die verschlossene, vor der ein Engel mit einem Schwert wacht: der ewige Tod. Zwei Tore sind auch unten gegeben: Jetzt ist es auf der guten Seite (6) das geschlossene Höllentor, und auf der bösen (7), wie zu erwarten, ist die Hölle offen.

Der Blick soll nun zu 8 wieder nach oben gehen: Die Taube zeigt den Heiligen Geist, über dem Kreuz; unter diesem bei 9 ist die Erde, die »Welt«, und sie kennzeichnet die Arbeit Adams und Evas und den Brudermord Kains an Abel. Aber (10) Gott, der Herrscher der Welt, hält die Weltkugel mit dem Kreuz und richtet die Welt. Zuletzt soll der Blick (11) auf die Hölle fallen. Sie ist durch den durchgezogenen Kreis mit der Erde verbunden: Ein Teufel hält einen langen Spieß, der die Tradition der römischen Kirche symbolisiert, wie der Text es sagt. Er läßt auch den Wirt die andere Seite kommentieren: ein grausiges Bild, nämlich der feurige Höllenschlund des teuflischen Tiers, der die Verdammten aufnimmt.

Immer wieder geht der Blick in die Mitte und über sie: Die Linien lenken auf das Kreuz, die Kreise öffnen sich dorthin. Innerhalb des mittleren Kreises bilden die Quadrate ein ganzes Quadrat: Es ist der Eckstein, der Christus sein soll. Und die Figuren, die näher am gekreuzigten Leib stehen, sind die vier Evangelisten, die Propheten bilden die Figuren an den Ecken: David links (rechts) oben mit der Harfe, Jesaja ihm gegenüber, unten Mose mit den Tafeln des Gesetzes, und schließlich Hiob. Dort, wo sich die Kreise überschneiden, sind die Figuren wieder symbolisch den Seiten und ihren Be-

10
4
5
8
2
3
INRI
Euangelischer predi-
ger/ als Luther vn
andere zc.
Ablas prediger/ als Eck/
Emser/ vnd Cocleus zc.
lich kirch darinn kein secten sein sollen
nach Christus leere/ vñ Paulus predige
sondern sint alles eyns mütts nach dem
klaren Gottis wort.
Die vnfruchtbarn reben vom dem
stock Christo abgeschnittē Joā: 15:
9
Welte
Adam
Chayn
Abel
6
7
11
Dieser Spyß bedeutt
den lanngen gebrauch/
so ettlich anzeygen als
die Römische kirch zc.
Diß bedeut die ... Sa-
thane die vngere hten wer-
den hynnein gehen.

deutungen zugeordnet: Auf der bösen Seite, also links (rechts), fängt man oben mit Daniel in der Löwengrube an, neben dem Kreuz Johannes der Evangelist, und darunter hält Paulus das Schwert. Sie haben den Antichrist verkündigt. Ihm gegenüber Johannes der Täufer, der den Messias verhieß. Maria, die Mutter Jesu, und Petrus mit dem Schlüssel zum Himmelreich.

Aus der zweiteiligen Symbolik versteht man nun leicht, daß die Menschen rechts, wie auch die Inschrift sagt, die christliche, die wahre Kirche sein soll: Es sind Bürger und Bauern. Die »Kirche« der Prälaten und Mönche, die Sekten, sind links vom Kreuz, und um ihren verfallenen Status zu unterstreichen, reitet die babylonische Hure auf dem Drachen. Wenn man der Linie nach oben rechts, wieder über das Kreuz hin, folgt, kommt man zu einem Reiter auf einem Pferd, der, wie der Christ erläutert, der Reiter von Treu und Wahrheit nach Offenbarung 19,11 ff. bedeutet, zugleich sagt der Text: jeden Herrn, der in seinem Land das Evangelium unverfälscht predigen läßt. Ich reite ab, schließt der Christ wieder zum Alltag auf. Denn er hat in den Gesprächen die Rolle des Reiters gespielt, der die Wahrheit zur Geltung brachte.

3.

Wie wurden die frühen Schriften Martin Luthers verbreitet? Am 24. Mai 1519 wies der Humanist Beatus Rhenanus den Zürcher Leutpriester Huldrych Zwingli auf den Band deutscher Schriften Luthers hin, den der Basler Drucker Adam Petri nachgedruckt hatte. »Wenn du die auf der Kanzel dem Volk empfiehlst, d. h. zum Kauf rätst, so wird dir dein angefangenes Werk ganz nach Wunsch geraten... Du sollst auch die übrigen Pfarrer ermahnen, daß sie daran denken, die erwähnten Lutherbücher rechtzeitig dem Volk zu empfehlen.« Einen Monat später, am 25. Juni, bestellte Zwingli über Rhenanus einige hundert Exemplare, sofort zu liefern mit einem Boten oder Lastträger. Dann wieder Rhenanus an Zwingli am 2. Juli: Lucius, der Überbringer des Schreibens, soll die

Lutherschriften in Stadt und Land, an den Häusern verkaufen. Er kann sich dabei bekannt machen, und je bekannter er ist, desto leichter wird er Käufer finden. Lucius soll nur Lutherschriften vertreiben, denn wenn er nur die anbietet, verkauft er mehr davon. Am gleichen Tag schrieb Zwingli Simon Stumpf aus Basel: Luthers »Vaterunser« laß überall verbreiten, beim ungelehrten Volk so gut wie bei den Geistlichen, und hauptsächlich auf dem Land, die Züricher kaufen sie ohnehin, wenn du es ihnen empfiehlst. Auch er riet, nur diese Schrift und nichts anderes von Tür zu Tür zu verkaufen.

Luther war hier das Markenzeichen für eine spontan organisierte Propagandaaktion.

4.

Vor kurzem, schrieb der Weber Utz Richsner 1524, bin ich auf den Perlach, den Markt vor dem Augsburger Rathaus, gekommen. Da traf ich einen Krämer, einen guten Gesellen, mit dem ich über ein neugedrucktes Büchlein von der Ohrenbeichte gesprochen habe. Das Titelblatt der Flugschrift zeigt, wie die beiden in einer Stube am großen Tisch sitzen. Der Krämer hat das Büchlein, der Weber ein dickes Buch, die Bibel, aufgeschlagen. Während der Krämer aus dem Büchlein liest, weist Richsner mit dem rechten Zeigefinger auf die Schriftbelege, mit der linken argumentiert er.

»Ich hab' was Neues«, beginnt der Krämer, und fährt nach der Frage, was es sei, fort: »Ein hübsches Büchlein von der heimlichen Beichte, das sie aus der heiligen Geschrift gründlich rechtfertigt.« Das glaubt der Weber nicht. So nimmt der Krämer ihn heim: »Ich will es euch vorlesen, so hört ihr, was es ist.«

Der Krämer liest den Text. Gemeine Beichte ist die in der Kirche, wenn der Priester Vergebung der Sünden, der läßlichen, und den Nachlaß der Strafen von Todsünden, wünscht. Schon widerspricht der Weber: Sünde ist Sünde, es gibt keinen Unterschied zwischen läßlicher und Todsünde. Und gleich der Grundsatz: Wenn Gott mir meine Sünde vergibt, sind sie vergeben. Denn Gott ist vollkommen in seiner Gewalt, ohne die Pfaffen. Wenn sie uns auch wünschen, daß unsere Sünden vergeben sind, so wissen wir nicht, ob es wahr wird oder nicht. Weiter im Text handelt das Büchlein von der offenen Beichte. Da sich der Text auf Matthäus 18,15 beruft (»Sündigt dein Bruder an dir, so gehe hin und strafe ihn zwischen dir und ihm allein«), bietet er selbst die Ebene an, ihn zu widerlegen: Das allein ist evangelische Beichte. Nichts anderes als das heimliche, brüderliche Mahnen und Tadeln. »Es ist auch gewiß, daß ohne und außerhalb der Meinung des Evangeliums keine gute Ordnung gemacht werden kann.« Und da dies auch die Beichte vor Gott ist, brauchen wir uns um andere Beichten nicht zu kümmern. Wir werden durch diese selig. Jetzt geht es an die Schriftbelege: »Lieber Krämer, habt ihr keine Bibel, ich glaube, so steht es nicht drin« – der Weber ist voller Zweifel. 3. Mose 5,1 hat er tatsächlich falsch wiedergegeben. Das wird noch an einem anderen Text probiert, ehe der Weber eigene Schriftstellen zitiert. Auf die »unnützen Sprüche« der Kirchenlehrer, Konzilien, Kirchenväter und die Exempel braucht er gar nicht einzugehen. Denn das sei alles Vermutung und Gutdünken: »Das ist alles mit blinden Würfeln gespielt.« Von solchen Träumen hält er nichts, seien es Lehrer, Väter, Luther oder andere, wenn sie anders als die Heilige Schrift lehren.

Und sind denn die Priester so christlich, wie es Paulus im (1.) Timotheusbrief im 3. Kapitel (2 ff.) anzeigt: unsträflich, nur eines Weibes Mann, nüchtern, nicht widersässig, gewinnsüchtig und habgierig? Unser Priester ist Christus.

Als der Krämer hören will, was der Weber denn von der Beichte hält – soll man gar nichts beichten? Oder nicht dem Priester? –, zieht er die Schrift Luthers von der Beichte heran. Die Beichte vor Gott ist die beste. Du sollst dich selbst beurteilen und vor Gott bekennen. Bekenne, daß du der allergrößte Sünder bist, ein Kind der Hölle und des ewigen Todes. Bitte Gott um Erbarmen. Unnötig ist es, alle Sünden aufzuzählen. Gibt dir Gott Gnade und den festen Glauben an seine Verheißung, dann einen starken Vorsatz, von Sünden abzustehen, dann gebe ich einen Birnenstiel um die Absolution der Priester. Denn sie ist nichts ohne die Gnade Gottes, und »wo die Gnade in einem Menschen erfunden wird, da muß Gott zuvor dagewesen sein«.

Noch ein Bedenken bleibt: Was wird denn mit der Schlüsselgewalt der Priester? »Die an seinen Namen glauben, gab er Gewalt, Gottes Kinder zu werden« (Johannes 1,12) erledigt diesen Anspruch. Konkret wird es nun: Der Weihbischof bläst dem Priester bei der Weihe den Heiligen Geist ein, den er selbst nicht hat. Priester müssen geloben, sexuell asketisch zu sein – soweit sie es können: Verheiratet dürfen sie nicht sein, sonst tut es dem Bischof an seinem »Milchpfennig« Abbruch. Wenn das der Heilige Geist tut, dann steckt auch der Hurenwirt voll davon. Das, was sie einander einblasen, ist der Geist des Judas, ein geldsüchtiger Geist.

Nicht die beschorenen Knaben, alle Christen nennt Petrus (1. Petrus 2,9) Priester. Wer die Bibel lange genug liest, weiß, daß diese Priester von Gesetzen herstammen, die Menschen gemacht haben. Denn was Christus mit seinen Jüngern redete, sprach er zu uns allen. Wenn wir in seiner Rede bleiben, seid ihr meine rechten Jünger (Johannes 8,30). Wer nicht sein Jünger ist, ist auch nicht Priester; wer nicht Priester ist, auch kein Christ. Sind sie keine Christen, beichte ihnen der Teufel.

Kein Wunder, ob solcher biblischer Belesenheit will er mehr als zuvor in der Bibel lesen. Er will die Flugschrift noch heute in den Ofen werfen. In die Predigt des Autors will er nicht gehen – dies war Doktor Matthias Kretz, seit 1521 Prediger am Dom in Augsburg. Über die Beichte hatte er am Sonntag Lätare (1524) gepredigt und sie als Flugschrift veröffentlicht: »Ain sermon von der peicht, ob sie Gott gebotten hab.«

5.

Ein »Strohschneider«, einer der Stroh häckselte, und ein Holzhauer, die auf dem Dorf wohnten, liefen in die Stadt Bayreuth zum Tagwerk. Konrad Distelmair, ein Laie aus Franken, traf sie am Donnerstag nach Ostern 1523. Die Männer aus dem gemeinen Volk setzen ihr Gespräch von früher fort, vormals sagte der Strohschneider, auf den Bann gebe er nichts mehr. Nun hat der Holzhauer in der Passionszeit vom Pfarrer eine Predigt gehört – das Gespräch verarbeitet die Predigt der jüngsten Festzeit. Petrus hat dem Malchus das Ohr abgeschlagen, sagte der Pfarrer, und das bedeutet, daß ein geistlicher Oberer, ein Prälat, ein widerspenstiges Glied abhauen und dem Teufel zu eigen geben kann. Wer den Geboten des Papstes und der römischen Kirche nicht gehorcht, mit dem hört auch die soziale Gemeinschaft auf. Das hat mich erschreckt, es war deutsch gesprochen. Der Strohschneider wittert, daß der Pfarrer so predigt, weil er den Abbruch seiner Einkünfte fürchtet – wie einer, dem es an der Küche abgeht. Denn bevor er von Petrus und Malchus sprach, beklagte er, man wolle keine Opfer mehr bringen. Daher sterben Pferde, Kühe und Kälber, der Teufel nimmt seine Opfer, wenn man sich nicht recht durch Opfer an den Priester schützt. Der Pfarrer will die Frauen schrecken, daß sie um so mehr Opfer bringen. Doch im Evangelium steht: Ich will die Barmherzigkeit und kein Opfer.

Ein Grundthema der reformatorischen Bewegung tritt auf: Der geizige Geistliche handelt gegen Gottes Wort. Christus, so führt der Strohschneider das weiter, gab dem Petrus keinen Befehl zum Schlagen, und das ließ der Passionsprediger aus. Die Geistlichen blenden uns, denn Christus gebot dem Petrus, das Schwert einzustecken. Wer das Schwert nimmt, der soll mit dem Schwert umkommen, und wer ohne Befehl Christi bannt, soll mit dem Bann gerichtet werden. Ohnedies braucht man den Bann vor allem, um Schulden einzutreiben.

Nicht umsonst, fügt der Strohschneider hinzu, haben die Hohenpriester gemeint, die Laien sollen nur glauben, was man ihnen predigt. Sie sollen nichts wissen als das. Ja, meint der Holzhauer, wenn der Pfarrer uns jetzt so reden hörte, hielte er uns für Winkelprediger aus der Synagoge des Teufels, als ob wir uns rühmten, evangelisch zu sein. Wir wären gut lutherisch, weil wir in der Fastenzeit Fleisch essen. Das hat er in seiner Passionspredigt gesagt. Wenn man, so der andere, Christus nicht bekennen darf und gleich als lutherisch gilt, wenn man vom Evangelium spricht, wo doch Luther nie oder selten erwähnt wird, so tut's der Teufel. Denn das Evangelium scheint den Geistlichen in die neidischen Augen. Ihr Geiz, der fünf oder sechs Pfründen sammelt, ihre Trunksucht – sie trinken von Mitternacht zu Mitternacht, und der Mesner muß das, was die ausspeien, mit Schaufeln austragen –, das ist kein priesterliches Leben. Sie brauchen die Gnade Gottes nicht, wie der arme kleine Haufe, der nur sprechen muß: Gott sei mir Sünder gnädig.

Nun wird der soziale Unterschied zwischen dem gemeinen Mann und den großen Herrn angesprochen. Das Fasten betrifft den kleinen Mann nicht, er hat kein Geld, um Fisch und guten Wein zu kaufen, und Wein führt zu Unkeuschheit. Aber uns wollen sie die Kost verbieten, die dem armen Mann Kraft zur Arbeit gibt.

Auch das überzeugt den Holzhauer. Doch hat der Pfarrer auch von Judas gepredigt, der nicht zum rechten Beichtvater ging. Wieder weiß der Strohschneider die Antwort. Er hat einen gelehrten Prediger gehört: Christus ist der rechte Priester, wie Gott durch Jesaja sagte: Ich bin es, der dir deine Sünden vergibt. Dann brauchen wir, versteht der Holzhacker, keinen Ablaßbrief mehr zu kaufen, weil Gott gütig ist, wenn ich nur im rechten Glauben und voll Zuversicht zu ihm seufze. Jetzt hast du mich ganz weichmütig gemacht, auf Gott zu hoffen, und den Ablaßbrief kauft man für nichts.

Was sagte denn Christus, erinnert der Strohschneider, als der Schriftgelehrte fragte, was man tun muß, um das Himmelreich zu besitzen? Das höchste Gebot ist, Gott zu lieben und deinen Nächsten. Darum, lieber Geselle, »laß uns unser Tagwerk wohl und recht treiben, dem Armen wie dem Reichen, so erfüllen wir das Gesetz Gottes.« Christus, nahm der Holzhauer den Faden der Beichte wieder auf, spricht selbst zu uns: Kommt alle zu mir, die beschwert sind, ich will euch erquikken, und in mir werden eure Seelen Ruhe finden.

Abschließend kommt die evangelische Botschaft in einem

Spruch des heiligen Bernhard von Clairvaux daher: Ich schäme mich, wenn ich an die alten Väter denke, die in der Vorhölle nach dem Leiden Christi so großes Verlangen hatten. Er hat meine Erlösung bewirkt, ohne mein Verdienst. Denn kein Reicher geht für einen anderen in Armut oder wird verachtet, kein Lebender stirbt für einen anderen, wie es Gott tat. Er hat nicht für sich, sondern für uns gearbeitet.

So verstehen, wollte Distelmair zeigen, die kleinen Leute das Evangelium. Das göttliche Wort muß man predigen, nicht Menschentand und alte Bräuche. Wer das Heil seiner Seele liebt, dem versagt Gott nichts.

6.

Noch eines dieser Weggespräche, das die Argumente etwas anders mischt und ausrichtet. 1521 nach Pfingsten zog ein Landsknecht von Schwaz in Tirol nach Straßburg. Er hatte gehört, man stelle dort Landsknechte ein. In Schwaben traf er einen Mönch, einen Dominikaner: »Die zwei haben mancherlei miteinander geredet, wie man dann zu tun pflegt, wenn man über Land zieht.«

Es war der Mönch, der die Rede auf Luther brachte, der Landsknecht wich aus: Man hört viel von Luther sagen. Doch gefragt, was man denn Gutes von ihm hört, antwortet er freimütig: Viel Gutes, denn er bietet viel gute Lehre, in der Heiligen Schrift gegründet. Der Grundton der evangelischen Schriften wird nun gegen den Papst gewendet: Wir sind lange von ihm und seinen Helfern betrogen worden. Sie haben die Gesetze der Menschen für Gesetze Gottes ausgegeben. Als der Dominikaner ihn verweist, der geistlichen Obrigkeit sei zu gehorchen, nennt der Laie Bibelstellen (5. Mose 4,2: Ihr sollt zum Gesetz Gottes nichts dazutun; Josua 23,6: Ihr sollt vom Gesetzbuch Moses nicht weichen zur Rechten noch nur Linken). Später erfährt man, daß sich der Landsknecht nach dem Württemberger Krieg, also 1519, zur Ruhe setzte, anfing, Luthers Schriften zu lesen, in der Bibel und den Evangelien.

Gottes Gerechtigkeit steht gegen die Rechte des Papstes.

Der Papst irrt in vielem. Der Landsknecht gebe Luther zuviel nach: Der Mönch will den Weggefährten wie einen Gebannten fast verlassen. Ein Bann würde den Landsknecht unbekümmert lassen: Ob gebannt oder nicht, der Wein schmeckt nichtsdestoweniger. Aber wenn der Papst sich wie einen Gott ehren, vor sich knien und die Füße küssen läßt, dann nimmt er Gottes Ehre in Anspruch. Das jedoch glaubt der Mönch. Für ihn ist der Papst ein irdischer Gott, dem göttliche Ehre gebührt.

Nun wird der Landsknecht grob: Halt's Maul! Geh deiner Straße, wenn ich dir nicht als Gefährte gefalle. Der Bruch des Konsenses im Glauben hat auch für die Konsequenzen, die auf der Straße zufällig miteinanderziehen. Der Mönch lenkt ein, so ergibt sich die Möglichkeit, eingehender zu werden. Kann Rom das Haupt der Christenheit sein, wenn sich der Christenglaube auf den Erlöser Jesus Christus gründet? Es folgen die geläufigen Abweisungen von Romfahrt, Beichte und Ablaß, der Bevorzugung der Reichen, denen man die Sünden für Geld erläßt, wo doch – wieder derselbe Grundzug – Gott allein die Sünde vergibt. Und besonders schlimm unter den Orden sind die Dominikaner: Sie sollen Ketzermeister sein, sind aber selbst Ketzer. Wie Bettler sollten sie in Armut leben, doch ihr Geiz ist bekannt. Dies kann durch den Jetzerhandel in Bern, durch die Zeizer Affäre belegt werden, bei der eine Testamentssumme gesteigert wurde. Der Beichtvater, der das zuwege bringen sollte, wurde ermordet. Auf der Kanzel säen sie Neid, niemand soll gegen das reden, was sie predigen.

Daß die Welt vor der Bosheit der Pfaffen beschützt werden soll, dazu ruft der Text am Schluß den Kaiser, die Fürsten und den hohen Adel – Sickingen und Hutten – auf.

7.

Der in Augsburg lebende Haug Marschalck spitzte seine Schrift »Spiegel der Blinden« noch anders zu. Er distanziert sich gewiß von den Geistlichen der Kirche, deren Geiz und

Betrug er ebenso anprangert wie andere. Die Blindheit reicht jedoch über sie hinaus. Der Spiegel, den das Titelblatt mit dem Zeichen I. H. S. zeigt – In Hoc Signo: Im Zeichen des Kreuzes Jesu Christi –, ist nicht allein umgeben von den mit Augenblenden bedachten Geistlichen, den Blindenführern, sondern auch von solchen, die dahin und dorthin schauen und unter sich: Viele Köpfe haben schwache Augen. Sie sollten sehen, was geschehen ist. Die gnadenreiche Zeit, deren göttlicher Glanz die finsteren Wolken der Mühe der menschlichen Werke reinigte, wird mit dem Frühling verglichen: eine edle Blüte, guter Duft für die, die nach dem rechten Glauben hungern. Es wächst, grünt, man hofft auf Frucht. Eine Neuerung ist das nicht, sondern die alte, gerechte und gesunde Lehre Christi, die er seinen Fischern und Jüngern durch seinen göttlichen Mund und Geist gegeben hat.

Der Frühling des Glaubens ist in den Büchlein dokumentiert, die in Wittenberg gemacht sind. Nimm sie zur Hand. Sie begründen alles mit der göttlichen Schrift. Natürlich lesen die alten Pfaffen sie nicht, die hohen und niedrigen. Sie sollten sowieso lieber die Schweine hüten, dreschen und ackern. Nur wer nach dem Wort Gottes und der Seelen Heil hungert, liebt die Büchlein. Es kaufen und lesen sie jedoch andere. Sie laufen auch den Predigern des reinen Wortes Gottes nach, hören es gern, reden überall hoch davon, wenn sie zusammenkommen. Was bewirkt das Wort Gottes bei ihnen?

»Es geht ein jeder von solcher Predigt oder Disputation wieder heim nach Hause«, und was er vorher tat, treibt er nach wie vor. Der Kaufmann betrügt und will großen Gewinn. Der Handwerker macht schlechte Arbeit aus minderwertigem Material. Der schädlichste Betrug ist die verfälschte Nahrung: Wein ist gepanscht, Gewürz verdorben, Brot vermischt. Der Adel verdirbt mit seinem Krieg die armen Leute. »Denn wir lesen und hören die Büchlein gern und solche guten Prediger auch, wir wollen aber nicht danach handeln. Ja, wir sprechen alle, wir sind gut evangelisch. Der Titel wär' gut, es brauchte aber gute Hitze dazu, die geht uns ab.« Wir wären gerne alle gute evangelische Christen, aber der Bauch will

stus der herr hat geredt. Jch wird mein glory vor den hoch weisen verbergē vnd wird es den kleinē verkünden vnd off baren. Dañ ee mein glory vnd eer solt vndergon/ es müstē ee steyn vnd holtz reden lernen. Vff solichs ist vffgericht anzůschawē diser Spiegel der Blinden.

nicht dran. Die Leistungen für die Kirche stellen wir ein: Wo vorher 30, 40 oder 100 Menschen am Altar ihr Opfer darbrachten, kommen jetzt sechs oder acht. Die letzte Ölung, die Seelmessen läßt man fallen, bei gestorbenen Kindern singt man nicht mehr, die Aussegnung der Wöchnerinnen unterbleibt, die Männer sagen: »Sie schmecken ihnen ebenso wohl ungesegnet wie gesegnet, wenn sie bei ihnen schlafen.« Viele beichten nicht mehr und sparen das Beichtgeld. Richtig, kommentiert Haug Marschalck, mit allem Opfer ist besser den Armen geholfen. Doch »der Geiz und der verdammte Pfennig verdirbt uns alle«. Was ihn deutlicher von vielen anderen unterscheidet, ist, daß er keine Sündenbockstrategie verfolgt. Sicher genügen die Kleriker den Standards nicht. Die ganze Welt aber ist hart verstrickt in Wollust und sucht zeitliche Güter zu gewinnen. Bedrückung des Nächsten wird bei manchem gefunden. Den Eltern gefällt ein »geschickter, weidlicher Geselle«, der die Fähigkeiten hat, viel Gut hereinzubringen. Und jung gewohnt, alt getan. Neid, Haß und Geiz – die alten Sünden – verdrängen die Demut, Geduld, rechte Ehrbarkeit, vor allem die brüderliche Liebe.

Hier sitzt die Spitze seines Arguments im Fleisch: die Reformation des Lebens zu brüderlicher Liebe. Der Reiche soll die Armut nicht verachten; denn der Arme leidet Mangel und muß hart arbeiten, mit vielen Sorgen für seine Kinder, er leidet Frost, Hunger und Elend. Brüderliche Liebe erweist sich in ehrlichem Handel und Geschäft, falsche Ware ist Betrug. Was du verkaufst und verhandelst, tust du deinem Bruder. Tue es mit solcher Liebe, als ob du es Gott gibst. Auch der Arme verlange nicht mehr, als ihm Gott gibt. Denn Gott hat aufs strengste geboten, den Elenden zu beherbergen, den Nackten zu kleiden, den Hungrigen und Durstigen zu essen und zu trinken zu geben (Matthäus 25,34–40).

Bei der Entzündung des Herzens und der Liebe zu Gott darf der Christ nicht stehenbleiben. Wer sehend werden will, den Glanz Gottes fruchtbar anschauen, der handelt in brüderlicher Liebe. Denn wir alle sind arme fleischliche Menschen, aber wir sollen nach dem Willen Gottes leben.

Das Lied des Konz Anahans

1.

Im April 1525 lagerten die aufständischen Bauern aus dem Ries um Nördlingen nahe der Reichsstadt. Ihr Heerlager in dem Dorf Deiningen zog viele Bürger an, neugierige und interessierte. Man hatte Verwandte auf dem Dorf, man handelte mit den Bauern auf dem Nördlinger Markt. So fest die Stadtmauern nachts verschlossen waren, rings um die Stadt, so sehr die Bürger sich als Städter fühlten, es gab Unterschiede: einige sympathisierten mit denen draußen, andere hielten ihren Blick fest auf die Tradition gerichtet, die Nördlingen dem Reich verband. Und, so sehr die Bürger die Bauern brauchten, um ihre Nahrung zu sichern, sie lebten von ihrem Handwerk und Handel.

Konz Anahans war ein kleiner Mann, ein Feintuchweber, »Geschlachtwander« hießen sie, der 1519 von 50 Gulden, sechs Jahre später nur noch von 20 Gulden Steuern zahlte. 1522 war er wegen eines Fastenbruchs belangt worden. Der arme, doch evangelische Weber wäre noch unbekannter geblieben, wenn er nicht ein »Lied« hinterlassen hätte. Es hat ihn zu seiner Zeit nicht berühmt gemacht, weil er es dem Rat abgeliefert hat, gedruckt wurde es nie. Der Rat legte es im städtischen Archiv ab, dort kann man es nachlesen, und zwar in mehreren Fassungen.

Anahans und andere haben es wirklich im April 1525 gesungen. Anahans im Haus des Meinungsführers der Bauernsympathisanten, des Glasers Balthasar Fend, und zwar am 23. April. Da war die Unruhe in der Stadt schon fast vorbei.

Und es lief um, das Lied. Der Altbürgermeister Anton Forner ließ es sich vorsingen und reimte ein paar Zeilen dazu. Der Ex-Student Hans Trummer sang es auf der Nachtwache, wie meist angetrunken, und das bezeugt, daß es ganz bekannt gewesen sein muß. Man kann verfolgen, wie das, was in der handschriftlichen Fassung steht – das Blatt im Archiv enthält sie –, im Prozeß der Kommunikation in der Stadt gehandhabt wurde, bis der Rat es kassierte und so den Prozeß stoppte.

Der Rat nannte es das »Bundeslied«, weil ein paar Zeilen auf das politische Bündnis des Schwäbischen Bundes anspielten, dessen Heer im Krieg gegen die Bauern lag. Von den Bauern handelt das Lied. Ein Kleinbürger sang von den Bauern, die sich erhoben hatten:

Ein Geier ist ausgeflogen im Hegau am Schwarzwald.
Er hat viele Junge aufgezogen, die Bauern überall.
Sie sind aufrührig worden in deutscher Nation
und haben einen Sonderorden, wahrscheinlich gelingt es ihnen.

Was können sie wollen, die frommen Biederleute.
Ein wahrer Stern scheint, jetzt ist die Zeit gekommen.
Es geschieht mit Gottes Willen, und unsere Sünde ist schuld.
Er kann und wird es stillen, Gott gebe uns Gnade und Huld.

Jetzt rede ich von den Bauern und ihrem Regiment.
Mancher nennt sie Heuchler und weiß nicht, wie es endet.
So sagen die Schinder und Schaber, die treiben Übermut.
Paßt auf, ihr Wucherknaben, es tut auf die Länge nicht gut.

Niemand schämt sich mehr, er sei jung oder alt.
Alle Bosheit nimmt zu in mancher Gestalt.
Man läuft durcheinander und achtet wenig die Wahrheit.
Hoffart, Geiz und Fürkauf sind in der Welt gebräuchlich.

Zutrinken und Gotteslästern haben überhand genommen.
Man kann dem fast nicht mehr wehren, es ist fürwahr eine Schand.
Niemand gibt auf den andern, man sag gleich, was man will.
In aller Unzucht leben, das macht jetzt kleine Füße.

Der Bund hat beratschlagt jetzt schon eine lange Zeit;
es will nicht wohl geraten, das Loch ist weit geworden.
Wer kann das jetzt zuflicken, das kann ich nicht verstehn.
Die Sache wird sich nicht schicken, es wird noch übel gehn.

Die Herrschaft tun sie schrecken, daß sie kaum weiß,
wo hinaus.
Die Bauern tun aufwecken und nehmen es, wie's anfällt.
Das sind mir seltsame Kunden, sie wagen glatt ihre Haut.
Sie haben einen Sinn gefunden, wer hätte ihnen das zugetraut.

Die Bauern sind einig worden und kriegen mit Gewalt.
Sie haben einen großen Orden und stehn auf mannigfaltig
und zerstören die Schlösser und brennen Klöster ab.
So kann man uns nicht betrügen, was soll ein böses
Raubhaus?

Jetzt will ich es anheimstellen Gott in der Ewigkeit.
Wir treiben viel Mutwillen, fürwahr ihm zuleide,
daß wir so übel leben in diesem Jammertal.
Wer kann jetzt Frieden geben als nur seine göttliche Wahl?

Im Grunde handelt das Lied vom Schwäbischen Bund nur am Rande: Er ist hilflos. Das Gesetz des Handelns liegt bei Gott, dies ist der religiöse Kern. Die Bauern formieren sich als besondere Gemeinschaft, als Stand in der Gesellschaft – das will der Ausdruck »Orden« besagen. Aber sie handeln, wie eben Menschen handeln: gegen den Willen Gottes, der alles recht ordnen muß. Die Bauern heben die göttliche Ordnung auf, wie die Wucherer schon gegen sie verstoßen haben. Nur Gott in Ewigkeit kann so handeln, daß die Welt wieder zurechtkommt.

Die Mischung von kritischer Distanz zu den Bauern und Bewunderung ist deutlich. Aber evangelisch ist das Lied nicht eigentlich. Denn das wußte man auch zuvor: Wer gegen Gottes Ordnung verstößt, ruft dessen strafenden Zorn auf den Plan. Und hier sieht Anahans mit den Augen des Städters: Böses Handeln ist Wuchern und Schinden.

2.

In der Nacht vom 3. auf den 4. April 1525 hatte die Unruhe in der Stadt Nördlingen hohe Wellen geschlagen. Die Nachricht lief um, der Stadtschreiber wolle die Bauern an den Schwäbischen Bund verraten, »an die Fleischbänke liefern«. In der Tat hatte er dem Vertreter der Stadt geschrieben, daß die Bauern ein loser Haufe seien. Dann setzte sich in Nördlingen das Gerücht in Umlauf: Die Tore stehen offen, die Ritter des Bundes können hereinkommen. Die Stadt war also auch verraten.

Wie wild, sicher angetrunken, lief Hans Trummer, ein Zunftgenosse des Anahans, in den Straßen herum. Einem schrie er zu: Holt Spieße und Hellebarden hervor, wir brauchen sie noch heut nacht. Als er Mair, den Stadtschreiber, erblickte: Du bist auch heute nacht Stadtschreiber gewesen und morgen nicht mehr. Einem Ratsherrn drohte er, ihn aus dem Rat zu werfen. Was er sich vorstellte, offenbarte Trummer vor dem Haus des Altbürgermeisters Anton Forner: »Sie seien auch einmal Herren geworden.«

Andere äußerten sich brutaler: Stecht sie tot, die Bösewichte des Rates, alle. »Batzenmann, du mußt auch dran«, rief ein Spulbub des Trummer vor Vesners Haus, freilich hatte er, wie der Meister bekannte, schon vorher Böswilliges angestiftet, den Pfaffen zuleide. Und nicht einmal das war ihm bekannt, daß der Vesner in Ulm war.

Ein Plan war von einigen verabredet worden, den Stadtschreiber zu erwürgen, wegen des Briefes, dann die Klöster und Häuser der Geistlichen zu plündern, die Herren im Ries zu vertreiben und das Umland der Stadt zuzueignen – oder eher: aus Dorf und Stadt ein Land des Evangeliums zu machen.

Das Haus Forners lag am Weinmarkt. In ihm war der ehemalige Bürgermeister unter Hausarrest gestellt worden. Er hatte in einem Erbstreit vor dem Rat eigennützig gehandelt. Er stand jedoch in dem Ruf, die evangelische Partei zu fördern. So bildete die aufsässige Gemeinde, meistens Geschlachtwander, einen »Ring« – das taten die Landsknechte, wenn sie Beschlüsse faßten.

Beschlossen wurde, den Forner herauszuholen, zu befreien. Er könnte der neue Führer sein. Aber der fiel aus der Rolle: Er weinte. Der ehrbare Herr konnte keinen Aufruhr leiten.

Es scheint, daß damit der Aufruhr umkippte. Am nächsten Tag, am Nachmittag, lenkte man in geordnete Bahnen zurück. Eine Bürgerversammlung trat auf dem Spitalhof zusammen, die Mehrheit stand zum Rat, trotz der Appelle der Sympathisanten, den Bauern zu helfen. Konkret meinte man damit: das städtische Geschütz auszuliefern.

Für eine Nacht hatte der Rat die Kontrolle verloren. Das Wort hatten einfache Bürger. Um so mehr war man hernach entschlossen, das Wort in der Öffentlichkeit zu kontrollieren. Man setzte der Gemeinde lange auseinander, Einigkeit sei die Grundfeste der Stadt. Und sie müsse bei dem Reich, dem sie alles verdanke, bleiben. Mit dem Reich war der Schwäbische Bund gemeint, dem die Habsburger, die Kaiserfamilie, auch angehörten.

Die aufsässigen Worte, gesprochen oder gesungen, kassierte die Obrigkeit.

3.

Das tat man nach eingefahrenem Muster. Einige wies man aus, andere brachte man durch Folterung zu einem Treuegelöbnis. Das ging so: Der Scharfrichter und zwei Ratsherren gingen mit dem Stadtschreiber in das Gefängnis. Der erste Gang war das mündliche Verhör. Kam dabei nicht das gewünschte Geständnis heraus, band man dem Verhörten die Arme ausgestreckt über dem Rücken zusammen und zog ihn an einem Seil hoch. Das Protokoll liest sich so: »Und da er nicht anders wollte, zog man ihn leer auf (d. h. ohne schwere Steine), ließ ihn eine gute Weile am Reck hängen. Er übergab sich und heulte, wollte Wasser haben und lieber sterben. Nach langer Zeit, als der Gestank abging, ließ man ihn herunter und ausruhen. Zog ihn dann wieder auf, ließ ihn wohl hängen, daß es ihm in die Hosen ging, ihm auch der Schweiß aus und über das Gesicht rann. Er wollte von nichts gewußt haben noch etwas angeben. Er sagte, man tue ihm unrecht und bat um Gerechtigkeit. Lieber wollte er sterben, man solle ihm den Kopf abschlagen. Als er eine gute Weile hing, gingen die Ratsherren fort und ließen ihn hängen. Nachher gingen sie wieder zu ihm und sagten, sie wollten ihn nun ruhen lassen. Morgen oder übermorgen kämen sie wieder, denn der Rat wisse alles und sei der Sache kundig und gut begründeter Meinung.«

Derselbe Franz Weiler betete am Reck zu Gott, ihm zu helfen, dieses Kreuz zu tragen. Hans Trummer wurde auch gefoltert. Er schrie, um Gottes und des Jüngsten Gerichtes willen, der Rat solle ihn nicht zwingen, etwas Falsches auszusagen, auch gegen Christus sei falsch Zeugnis geredet worden. Schließlich gab er klein bei: er wollte den Rat für einen Vater halten, sich ewiglich ohne Klage benehmen. Dann war das Ziel erreicht. Ein anderer gelobte, alle Stunde und Augenblicke zu tun, was seine Herren ihn hießen und ewig gehorsam sein. Einer bot sich als Denunziant an.

Unerbittlich wollte die Obrigkeit nun das gesprochene Wort der Bürger beherrschen.

4.

Auch das Geschwätz. Anna Strauß hörte erst am Morgen, daß die Tore nachts offengestanden hätten. Wenn das wahr wäre, was man sagt, so wüßte man kaum, ob man zu Nacht in seinem Bett sicher wäre. Doch hatte sie so lange in dieser Aufruhrnacht geschlafen, daß sie erst nach Sonnenaufgang die Fensterläden öffnete. Sie merkte nun, daß die Tore noch geschlossen waren. Sie rief ihrer Nachbarin zu: Was bedeutet das doch, daß bei hellem Tag die Tore zu sind? Die Fliedin wußte es auch nicht. 1526 gestand Anna Strauß dann ein, nachdem ihr die Stadt verboten worden war, daß sie einige Worte aus Unverstand geredet hätte. Sie bezeichnete sich als törichtes Weib.

Trummers Mutter hatte den Sohn aufgeweckt, weil sie

meinte, der Rat rufe zum Sammeln auf. Ebenso hielt Walburga Donenbaderin den Ruf: »Die Frau, die einen Mann hat, die soll ihn aufwecken!«, für den der Obrigkeit. Eine andere Frau bekannte, wie natürlich viele, die verdächtig waren, aufrührerisch herumgelaufen zu sein: Sie habe die Nacht im Aufruhr ganz verschlafen.

Verfolgt wurde auch die Frau des Seilers Georg Husel, die bei der Hinrichtung des Glasers Fend ausrief: Ist das evangelisch? Sie hatte sich stets agressiv geäußert. Den Ratsherren wünschte sie Herzschmerzen, weil sie keinen gerechten Mann neben sich ertragen könnten – das sprach für den Anton Forner, den sie für einen guten frommen Mann hielt. Alle Schuld daran trug der »Wucherer«. Vielleicht war dies der »Batzenmann«, Nikolaus Vesner.

Denn die Geschlachtwander, mit den Lodern das zahlreichste Gewerbe in der Stadt, fühlten sich bedrängt. In dieser Zeit, so faßte eine Aufzeichnung ihre Klagen 1524 zusammen, ist die Welt so spitzig, unersättlich und geizig. Man achtet wenig darauf, ob andere verderben. Mancher läßt sich nicht an seinem eigenen Gut und Vermögen genügen und belästigt den »gemeinen armen Mann« mit dem Fürkauf. Gemeint war damit, daß einige Reiche, eben Wucherer, die Rohstoffe nicht auf den Markt gelangen ließen, sondern vorher aufkauften, um die Preise zu beeinflussen, zu steigern: Hoffart, Geiz und Fürkauf, die Wucherknaben, die Schinder – die Verse des Liedes waren wirklich empfunden.

Geschlachtwander stellten nicht nur viele, die als »evangelisch« galten, weil sie Bilder aus den Kirchen trugen, Fasten brachen oder Gottesdienste störten. Von denen, die während der Unruhen im Bauernkrieg auffällig wurden, waren fast die Hälfte ihre Zunftgenossen. Sie äußerten auch ein anderes Verständnis von Politik: »Wo eine Gemeinde beieinandergewesen wäre, wäre das nicht geschehen«, daß nämlich der Rat den Balthasar Fend hinrichtete. Zwar wies Frau Husel es von sich, gesagt zu haben, sie und ihr Mann hätten soviel Anteil am Geschütz wie einer im Rat, ebenso erlogen sei aber, wenn man ihr unterstelle, geredet zu haben, es sitze kein guter Christ im ganzen Rat, sie duldeten keinen Christenmann bei sich. Aber man traute ihr eine solche Gesinnung zu.

5.

Anders als in Nördlingen lief es in Göttingen. Im August 1529 hielt die Kirche eine Bittprozession, weil der »Englische Schweiß« ausgebrochen war, eine grassierende Seuche, an der so viele starben, daß man fünf und mehr Tote in ein Grab legen mußte, Gottes zornige Strafe. Alle Mönche und Pfarrer liefen mit den Schülern von einer Kirche zur anderen und sangen die Gebete um Fürbitte der Heiligen. Wollweber, aber auch andere Handwerker: ein Schuster, ein Hutmacher, ein Schmied, störten sie. Sie sangen den 130. Psalm, wie ihn Luther nachgedichtet hatte: »Aus tiefer Not schrein wir zu dir, Herr Gott, erhör mein Rufen.« Sie verspotteten das »Ora pro nobis« (Bitte für uns) durch Parodien: »Ein Ohr ab zum Tor aus.« Gegen das lateinische »Te deum laudamus« sangen die Demonstranten die deutsche Fassung: »Da schlug der Mönch die Orgel, daß es niemand hören konnte.« Im September 1529 sangen einzelne und mehrere Lieder während der Gottesdienste in der Kirche der Dominikaner und am Heilig-Kreuz-Hospital. Lieder störten den Gottesdienst.

Der Rädelsführer war ein Geistlicher, ein Evangelischer, Friedrich Hüventhal. Er predigte, daß ein Prediger einen grauen Rock haben solle, sich damit begnügen und nichts weiter begehren solle. Hüte dich, rief er der Gemeinde zu, vor denen, die nicht Speck und Kohl mit dir essen wollen – beim Essen miteinander zeigte sich, wer freund oder fremd war.

Einige »lose Gesellen« werden ausgewiesen. Da sie sich am 21. September trafen, auf einem Friedhof draußen vor der Stadt, geht die Sache weiter, obwohl die meisten nicht aus Göttingen stammen und Wollweber sind: fremde, arme Männer.

Ende Oktober bildet sich ein »Bürgerrat«, der sich »Mittler« nennt. Ein alter Ratsherr war auch dabei. Er half, den

Hüventhal wieder hereinzuholen. Am 17. Oktober predigte er wieder. Ein großer Bürgerrat, einhundert Leute, tagte am 20. Oktober, und alle Zünfte sind vertreten. Daraus kamen die »Mittler« zusammen. Kein Blut soll vergossen werden und das Gottes Wort in Göttingen bleiben, das sollen sie erreichen. Aber der neue Friede war nur mit Tumult zu bewirken: Am 21. Oktober kam die »ganze Gemeinde, die evangelisch war, mit Büchsen« zum Rathaus. Der Rat wurde demütig, er war zudem eingesperrt: Die Eisenriegel schob man vor und tat, was die Bürger wollten. Er kapitulierte: Die Schlüssel, Zeichen der Herrschaft, mußte er den Mittlern ausliefern. Bürger wachten auch nachts in der Stadt, ein »Gegenregiment«. Mitte November ist durchgesetzt, daß der neue Glaube und Kultus in Göttingen gilt. Der Friede ist neu hergestellt. Zum Opfer fiel ihm der Prediger Hüventhal; er wird Anfang Dezember ausgewiesen. Im gleichen Monat setzt der Rat fest, daß die Prediger auf der Kanzel niemanden persönlich angreifen dürfen. Sie sollen das Wort Gottes verkündigen mit allgemeinen Ermahnungen, Strafen der Sünden, die eigenen Affekte und menschlichen Emotionen sind zu lassen. Das neue Regiment zieht die alte Linie der Friedenswahrung weiter.

Dispute

1.

Reutlingen, eine Reichsstadt in Schwaben, war im Bauernkrieg 1525 von seinem Prediger, Matthäus Alber, abgehalten worden, dem Evangelium der Bauern öffentlich Sympathie zu erweisen. Nach dem Ende der Revolution kamen die alten Gegnerschaften wieder auf die Tagesordnung. So verlangten einige Reutlinger Priester, mit den Evangelischen zu disputieren: über die Messe. Denn Alber hielt die lateinische Messe, wie bisher gefeiert, für gotteslästerlich, einen Götzendienst. Die Meßpriester stellten dagegen, daß sie dem Bischof von Konstanz geschworen hätten und ihren Pflichten nachkommen müßten, wie sie die Stiftungen festlegten – ihr Unterhalt war ja daran gebunden. Weder gegen die Überlieferung noch gegen das geistliche Recht dürfe man verstoßen.

Um weitere Argumente zu sammeln, lag ein Gang an die Universität Tübingen nahe. Johannes Vogelwaid schickte man zu Professor Jakob Lemp. Da Vogelwaid nicht so gelehrt war, schärften die Kollegen ihm ein, er solle unbedingt einen Schriftbeweis zurückbringen. Lemp aber konnte nur aus Thomas von Aquin, Duns Scotus und dem geistlichen Recht Beweise liefern, so daß Vogelwaid verzweifelt ausrief: »Herr Doktor, ich wollte gern einen Text haben. Denn unsere Prediger wollen sich nicht anders zahlen lassen als mit barem Text. Sie schreien allezeit: Text her, Text her, aus dem Alten oder Neuen Testament!«

Betrübt und ohne Text begab sich der Priester auf den Rückweg nach Reutlingen. Dabei holte ihn ein berittener Reutlinger ein, namens Staud, der als Spaßvogel bekannt war. Vogelwaid war fußmüde, Staud ließ ihn aufsitzen. Von hinten her muß der bekümmerte Geistliche erzählt haben, was ihm widerfahren war. Denn als sie nach Reutlingen kamen, ritt Staud auf einen Platz mit einem Brunnen. Viele Leute standen dort herum. Da rief der Reiter mit lauter Stimme: »Hier bing' ich Text, Text, das Alte und das Neue Testament führe ich da miteinander!« Zum Schluß warf er den Vogelwaid auf einen Misthaufen ab. Dieser Spott machte die geplante Disputation über die Messe überflüssig.

Die evangelischen Geistlichen richteten nun die Gottesdienste neu ein. Morgens früh am Sonntag, eine halbe Stunde, dann um acht Uhr vormittags und nachmittags um drei Uhr wird aus dem Alten oder Neuen Testament gelesen, dabei werden die schweren, verborgenen Worte durch hellere erklärt. Vor diesen Predigten oder Lektionen werden auf deutsch Psalmen und geistliche Lieder gesungen. Taufe und Abendmahl bildeten die einzigen Sakramente.

2.

Ende Mai 1524 arbeitete Jakob Heppacher, ein Esslinger, im Weinberg des Hans Rieber. Zu Hans Prennwurst sagte der Rieber: »Wenn man die Reutlinger überfällt, will ich meine Arbeit liegenlassen, ihnen zuziehen und sie verteidigen.« Heppacher war auch dieser Meinung. Und er äußerte sie in einem Wirtshaus, des Tannhusers Haus. Als man anfing, von Luther zu reden, gab ein Wort das andere. Den rechten Christenglauben will man unterdrücken, sagte Heppacher, alle Plagen sollen Großen und Kleinen an den Hals kommen. Man soll es nur anfangen, so wird man sehen, wie es geht. Alle, die nicht lutherisch sind, sind Diebe und Bösewichte. Unschuldig war dies nicht geredet, eine Konspiration habe man aber nicht gemacht. Doch der Esslinger Rat bestrafte Heppacher mit einem Monat Gefängnis bei Wasser und Brot.

Schon Anfang Mai war Bechtold Schnider gefangen und gefoltert worden, dann vom Henker der Stadt »über Rhein und Donau« verwiesen. Es wird noch dazu kommen, daß man Leute totschlägt, hatte er geredet. Halt dein Maul, sagten die anderen. Doch Bechtold tat das nicht: Wenn das nicht bald passiert, soll man mir beide Augen ausstechen.

Bechtold Schnider hatte auch zu einem Priester gesagt:

»Wir wollen doch noch einmal den guten Rock, den du hast, anziehen, dann müssen die Pfaffen kurze graue Röckle tragen. Denn sie haben uns beschissen, so lange, bis sie gute Kleider bekommen haben. Der Bischof von Konstanz«, fügte er hinzu, »hat meine Frau um 200 bis 300 Gulden gebracht.« Das geistliche Ehegericht hatte sie dazu verurteilt.

3.

Am 14. August 1524 konnte der Tübinger Vogt, so schrieb er an das habsburgische Regiment in Stuttgart, beobachten, wie sich viele Menschen an Tübingen vorbei in Richtung Reutlingen bewegten: eine fast große Welt, wie er seinen Eindruck von den Mengen zusammenfaßte, aus der Herrschaft Herrenberg und dem Tübinger Amt. Auch von Norden, den Neckar herauf, von Esslingen her, lief man zu der Reichsstadt. Die Züge hatten vor Tagesanbruch eingesetzt und hörten erst in den Morgenstunden auf. Die Bauern zogen lange Stunden – neckarauf, neckarab – in die Stadt. Denn sie hatten gehört, daß der Prediger in Reutlingen, Matthäus Alber, eine deutsche Messe halten werde. Der Tübinger Vogt konnte auch berichten, wie Alber dies tat: als ob er predigte. Er verwendete bei dem Hochamt nicht die lateinische Sprache. Die Elevation ließ er aus. Dann bot er »unsern Herrn und sein Blut« den Versammelten zum Genuß dar. Das erste Reutlinger Abendmahl *sub utraque*, unter beiderlei Gestalt – nicht mehr allein Brot, auch Wein wurde gereicht –, fand dennoch nur zwanzig, die es so empfingen. Die große Menge der Zuhörer und Zuschauer nahm dieses Angebot nicht an.

Die Nachricht von dem, was Alber vorhatte, war schnell und weit umgelaufen. So blieb die deutsche Messe kein lokales Ereignis. Aber die Bauern, die in die Reichsstadt liefen, folgten dem ganzen Schritt zu einer evangelischen Reformation nicht, auch nicht viele Reutlinger Bürger. Nahmen sie das als Schauspiel, nur als ein spektakuläres Ereignis? Der Tübinger Vogt befürchtete, daß die Bauern das Gift annahmen. Für ihn war das mehr als ein Schauspiel. Er verglich es mit einem

Jubeljahr, einem Ereignis, zu dem viele nach Rom pilgerten. Er regte an zu beraten, wie man die verkehrten Predigten verhindern könne. In seinem Amt, versicherte er, stehe es wohl des Luther halben. Jeder ordnete solche Neuerungen dem Mann zu, der den Anfang gemacht hatte.

4.

Huldrych Zwingli, Magister und Prädikant in Zürich, war einer, der die evangelische Wahrheit ausrief. Gott hatte sie erweckt, seine neuen Propheten. Es war eine Zeit des göttlichen Willens und der Gnaden, in der »uns das Licht der Wahrheit so klar überstrahlen« will. An der Predigt hinderten Zwingli seine mißgünstigen Gegner. Gehässig verleumdeten sie ihn. Das mißfiel dem Zürcher Rat. Er schrieb an Eidgenossen und den Bischof von Konstanz, wer dem Zwingli widersprechen kann, soll dies an einem bestimmten Tag tun. Mittwoch vor Mariae Lichtmeß 1523. Viele Priester und Gelehrte kamen, vier- bis fünfhundert Personen. Dann hat sich am Donnerstag der Große Rat versammelt, um die »Disputation zu verhören«. Zum Verhör setzten sich 180 Mann zusammen, mitten im Ring stand ein Tisch, daran saß Zwingli, allein »mit seinem Buch«. Den ganzen Tag wartet er bei offener Tür mit den Beisitzern und Umständern – also wie vor Gericht. Doch niemand erschien, um sich gegen ihn einzulassen. Das wiederholte sich am Freitag, den ganzen Tag harrte Zwingli wieder, ob sich jemand gegen ihn anzeigte. Sogar der Generalvikar des Konstanzer Bischofs war zugegen, er wollte jedoch nur zuhören. Vergeblich, und man hob die Sitzung auf. Zwingli wurde erlaubt, weiter zu predigen, was er mit der göttlichen Schrift begründen könne. Aber niemand durfte ihn hinfort schmähen und ihm übel nachreden.

Eine Flugschrift, die die Züricher Disputation vom Januar 1523 so las, daß die Gegner ganz ohnmächtig das Wort verloren, verbreitete eine Legende. Denn das Verhör kam zustande, wenn auch anders, als der Rat sich das gedacht hatte. Aber der Verfasser zielte darauf ab, Zwingli ins Licht der

Wahrheit Gottes zu stellen. Er las die »Erste Disputation«, wie man sie heute nennt, in der langen Reihe der Erleuchtungen, durch die Gott mit den Menschen sprach. Dem wortkargen Mose schärfte er die Zunge und verlieh ihm ein trotziges Herz, um mit dem Pharao zu reden, damit die Kinder Israel befreit würden. Die Propheten und den jungen Daniel erweckte und erleuchtete Gott, damit sie gegen die Falschen und Ungerechten redeten. Ja, Gott konnte, wie den Esel gegen den Propheten Bileam, die unvernünftigen Tiere sprechen machen. Und Christus predigte stark und rauh, aber auch tröstlich, lieblich und sanftmütig, wie Paulus trutzig und hart, ohne Furcht und Schrecken, sprach und schrieb. Und das alles, um den Großen, den Hochgestellten und Hochmütigen, den Starrsinnigen zu widerstehen. Um die Verführten, die ohne Trost und Wissen waren, zu erquicken, sie wieder aufzurichten, damit sie wissen, was Gott will. So geschah es: Vor Pfingsten waren die ersten Christen furchtsam und unterdrückt; sie hatten ihr Herz verloren. Dann empfingen sie den Heiligen Geist, so daß sie gegen die Großen rauh und widerspenstig, aber herzhaft Strafpredigten zu halten vermochten. Gott widersteht den Hoffärtigen. Die Reformation war Widerstand – von oben und von unten.

Die verbrannte Bulle

1.

»Wer die evangelische Wahrheit liebt und erkennen will. komme um 9 Uhr vor die Stadt an die Kreuzkapelle. Nach altem Brauch der Apostel werden dort gottlose Bücher verbrannt, die Bücher des päpstlichen Rechts und Werke der scholastischen Theologie. Mit ihrer Frechheit haben es die Feinde des Evangeliums nun so weit gebracht, daß die frommen und evangelischen Schriften Luthers verbrannt werden. Auf denn zum recht gottgefälligen Schauspiel, denn vielleicht ist die Zeit da, zu der der Antichrist offenbart wird.« Die Studenten der Wittenberger Universität konnten den Anschlag an der Pfarrkirche, dem schwarzen Brett, am Morgen des 10. Dezember 1520 lesen. Darauf liefen sie hinaus, auch Professoren trafen sich dort, Melanchthon, der vielleicht den Anschlag gemacht hatte, und Martin Luther. Magister Georg Agricola legte das Feuer, Luther legte sein Exemplar des Gesetzbuchs des kirchlichen Rechts hinein. Die Werke der Scholastik hatte man in der Eile nicht auftreiben können, man brauchte sie noch. Doch Luther hatte einen Druck des Schreibens mitgebracht, das die päpstliche Kurie im Sommer gegen ihn hatte ausgehen lassen. Es drohte ihm den Bann an, wenn er nicht widerrief. Die Frist dazu lief an diesem Tag ab, am 10. Dezember 1520. Nun verbrannte er den Text. Das bedeutete Luthers Widerruf. Der Schauplatz war vielleicht mit Bedacht so gewählt. Das Spital für die Aussätzigen lag vor dem östlichen Tor der Stadt, und deren Kleider verfeuerte man dort, Lumpen des Aussatzes. Verachtung lag darin, doch die Stimmung war feierlich. Die Universitätsgemeinde beschloß die Tat Luthers mit einem »Amen«. Und einige, die nahe dabeistanden, hörten, wie der evangelische Professor sprach: »Weil du die Wahrheit Gottes verderben willst, verschlingt dich heute der Herr in dem Feuer.« Luther hielt gerade eine

Vorlesung über die Psalmen und war bei Psalm 21. Dort steht in Vers 9 und 10: »Deine Hand wird finden alle deine Feinde, deine Rechte wird finden, die dich hassen. Du wirst sie machen wie einen Feuerofen, wenn du drein sehen wirst. Der Herr wird sie verschlingen in seinem Zorn, Feuer wird sie fressen.«

Luther ging danach heim, begleitet von den Kollegen und Studenten. Einhundert blieben.

2.

Das Feuer brannte, die Studenten spielten weiter. Nicht Lieder des Tumults, sondern »Herr Gott, dich loben wir« sangen sie. Andere sangen aus der Liturgie der Totenmesse »Requiem aeternam.«

Nach dem Essen um 10 Uhr verkehrten die Studenten den Ernst in Spott. Sie holten ein Bauernfuhrwerk, das ein Fuhrmann wild gestikulierend in die Stadt trieb. Vorn sangen vier Studenten durcheinander in Hebräisch, der Sprache des alten Gesetzes, das die Papisten verwirrt und verdorben hatten. Eine lange »Bulle« flatterte als Standarte im Wind. Einer klapperte so laut mit einer Trompete, daß er alle Blicke auf sich zog. Doch in der anderen Hand hielt er ein Schwert, von seiner Spitze hing eine Bulle, die Ablaß verkündete. Noch so ein Papier führten die Demonstranten mit, einer trug ein Plakat auf dem Rücken, auf dem stand: »Zu Ehren des Dominikanerordens«. Als der Wagen durch die Stadt fuhr, sammelten sie Zweige und Holzscheite und eine Menge Bücher der Papisten und Sophisten. Die Leute liefen mit, als die Fahrt wieder zum Tor hinausging. Draußen hatten einige Studenten das Feuer geschürt. Der Trompeter blies zum Sammeln, man schwenkte die Fahnen wie am Samstag vor Ostern. Und wieder äfften sie die Gesänge nach; auch das Judenlied »O du armer Judas, was hast du getan« mischte sich ein. Der Fuhrmann las den Text der Bannandrohungsbulle vor und gab seine Kommentare. Ebenso zum Lachen war, was er aus Schriften gegen Luther vorlas. Dann stieg er vom Pult herunter und sammelte Geld, für die Autoren solle eine Messe gelesen werden wie für Übeltäter. Nun ging alles ins Feuer, Bücher, Fahnen und Stangen. Buchseiten ließ man mit dem Rauch hochsteigen, als Luftpost nach Rom. Die Asche wurde verstreut, alles unter Singen. Einer soll sich als Papst verkleidet und die Tiara in die Flammen geworfen haben.

Am nächsten Tag nahm Luther seine Psalmenvorlesung wieder auf. Sich von den Gesetzen des Papstes zu distanzieren genügt nicht, trug er mahnend vor. Auch der päpstliche Stuhl muß verbrannt werden, wie seine Gebote und seine Arroganz. Nur so kann man das Heil der Seele erlangen. Das Reich Christi sei ganz anders als das des Papstes. Statt im Reich des Antichrist zu leben, soll man lieber in die Wüste gehen.

3.

Ein Bild des »Fuhrwagens« stammte von 1519. In der oberen Hälfte zieht ein vierspänniger Wagen einen bärtigen Mann zu Christus links, unten ein Fuhrwerk mit drei Gespannen, nach rechts Lehrer der scholastischen Theologie geradewegs in den Rachen des höllischen Ungeheuers. Die zwei Vorreiter des Wagens zu Christus sind der Bischof Augustin, der den Wagen im Namen Christi fahren läßt, und der Apostel Paulus. Hinter ihm die Inschrift: »Christus ist unsere Seligkeit.« Hinter dem Wagen steht: Dein Wille geschehe. Christus steht hinter dem Kreuz auf der linken Seite, er ist der Schmerzensmann. Mit »Unser Friede« bezeichnet ihn ein Plakat. Ein anderes über dem Kreuz deutet: Gott liebt umsonst. Auf dem Wagen steht ein weiteres Kreuz mit dem Text: Durch dein Kreuz mach mich selig. Die Räder des Himmelswagens will ein Teufel blockieren.

Auch der Höllenwagen ist mit Texten überladen. Sie heben, so steht es dem Theologen, der zur Hölle fährt, auf den Leib geschrieben, auf den eignen Willen ab. Der Holzschnitt war das erste evangelische Flugblatt und einem Werk Andreas Karlstadts, des Kollegen Luthers an der Wittenberger Universität, beigegeben. Dessen Kollegen in Leipzig bekämpften das Bild, einer zerriß ein Exemplar öffentlich auf der Kanzel. Studenten, die berichteten, darüber gelacht zu haben, erhielten Beichtstrafen. Johannes Eck, der gegen Karlstadt und Luther in Leipzig zu einer Disputation antrat, erkannte sich in dem Theologen wieder. Als er sich beschwerte, wies Karlstadt darauf hin, daß sein Name gar nicht genannt war.

Den Höllenwagen, der Ketzer zum Scheiterhaufen führte, setzten die Wittenberger Studenten in Szene, als sie die Bulle ins Feuer fuhren.

1524 zeigte ein Nürnberger »Maler«, Sebald Beham, nochmals die »verkehrte Welt«, die im Karneval inszeniert wurde. Sein Holzschnitt »Die Höllenfahrt des Papstes« – er ist diesmal der Vorreiter – versammelt die hohe und niedere Geistlichkeit auf dem Wagen. Der ganze Prunk der Aufzüge hoher Herren ist aufgeboten. Die Hölle ist ein Prachtbau, der ganz mit Klerikern gefüllt ist. Auf dem Wagen sehen wir, was die Studenten in Wittenberg erfanden: einen Maibaum mit einer päpstlichen Bulle und Ablaßbriefen. Die Ordnung von hoch und niedrig, von geistlich und weltlich und Himmel und Hölle hielt man im Karneval zum Narren.

4.

Luther wurde nicht verbrannt, oder vielmehr doch: als Puppe. Schon 1521 taucht die Nachricht auf, sein Bildnis sei unverbrennbar, oder wenigstens nur, wenn man es in Pech einlegte. Wie Märtyrer verbrannt wurden evangelische Prediger.

Der Zürcher Reformator Zwingli fiel in der Schlacht. Er zog wie andere Bürger der Stadt im Oktober 1531 gegen den Feind, zu Pferd und in Waffen, der Hirte bei den Seinen. Am Nachmittag des 11. Oktober erlitten die Züricher eine Niederlage. Sie flohen vom Schlachtfeld bei Kappel. Zwingli wurde, zu Tode verwundet, zurückgelassen, mit anderen Gefallenen. Auch andere Priester und Geistliche fielen, allein aus Zürich sechs, sechzehn aus der Landschaft, darunter Nikolaus Billeter.

Als man ihn fand und erkannte, verweigerte Zwingli die Beichte. Den toten Zürcher Prediger liefen viele zu sehen, auch die ihn im Leben nie gesehen hatten. Nicht wie einen Märtyrer behandelten die altgläubigen Gegner den Zürcher Geistlichen, sie zogen ihn im Dreck herum. Sie testeten ihn, ob er übermenschliche Kraft hätte, wie es Evangelische mit Heiligenbildern getan hatten. Sie richteten den Leichnam auf, riefen ihn an: »Bist du ein Biedermann und guter Christ, so bleib stehen! Bist du ein Verräter und ein Ketzer, so falle herunter!«, und ließen ihn dann zur Erde »platschen«. Nicht als einen guten Schweizer, sondern wie einen Lebenden wollte man den Toten als Landesverräter richten. Er hätte dann gevierteilt werden sollen, andere wünschten fünf Teile, weil der katholischen Orte fünf waren. Dann siegte das Urteil, den gevierteilten Verräter als Ketzer zu verbrennen, und man vollstreckte beides, mit Spott und Gelächter. Ins Feuer warf man Unrat geschlachteter Schweine, zur Verachtung des Mannes, der mehr als ein Zürcher Bürger war. Wer wenigstens Zwinglis Asche einsammeln wollte, sollte nicht wissen, ob er Reste einer Sau oder des Menschen barg.

Drei Tage hielten die Sieger sich auf dem Schlachtfeld auf. Dann konnten Züricher suchen, was übriggeblieben war. Wunderbarerweise fanden sie, so berichtet die erste Lebensbeschreibung des Oswald Myconius, Zwinglis Herz, ganz und unversehrt. Ein Wunder meinten sie zu sehen. Die letzten Worte Zwinglis vor dem Tod, als ihm der Spieß schon im Hals steckte: »Den Leib können sie töten, aber die Seele nicht!«, hatten sich erfüllt: Sein Herz blieb unverbrannt. Es hatte die Ketzerverbrennung überlebt.

Eine spätere Legende, die erste ist nicht nachprüfbar, belegt, daß das Herz des Reformators den Glauben an heilige Symbole, der verlorengehen sollte, hätte wiederbeleben können: Myconius soll die Reliquie sofort in den Rhein geworfen haben, wie die Asche des Vorläufers, der 1415 in Konstanz verbrannt worden war. Auch Johann Hus, des böhmischen »Bischofs«, Asche war im Rhein verstreut worden.

Mit Hus hatten Altgläubige Zwingli schon 1523 identifiziert. Auch Luther bezog auf sich, was vor hundert Jahren gesprochen war: Eine Gans kann man braten, in hundert Jahren wird ein Schwan singen, den man hören muß.

5.

Die Bulle war in Rom am 10. Juni 1520 veröffentlicht und von dem Ingolstädter Professor Johannes Eck eilends nach Deutschland gebracht worden. Sie verdammte Luthers Lehren als Ketzerei, Luther wurde ein Lügenlehrer und ein Schwein aus dem Wald genannt. Ihm wurde, wenn er nicht die einzeln genannten Irrtümer widerrief, der Ausstoß aus der Kirche angedroht. Seine Bücher befahl die Bulle zu verbrennen. Verdammte Ketzer wurden auch verbrannt.

»Brandgeruch lag damals stark in der Luft.« Luther kannte das römische Verfahren gegen sich schon lange. Er wollte das Ergebnis verachten, schrieb er seinem Freund am Hof des Kurfürsten zu Sachsen, Georg Spalatin, am 10. Juli 1520. Wenn sie mich verurteilen, werde ich das ganze päpstliche Recht öffentlich verbrennen, diesen Pfuhl von Ketzereien. Er kannte den Text der Bulle noch nicht, aber er war schon entschlossen, das zu tun, was dann am 10. Dezember 1520 geschah. Im August 1520 berichtete er Johannes Lang in Erfurt, in Wittenberg sei man überzeugt, das der Stuhl des Papstes der des Antichrist sei, gegen den jedes Mittel recht ist, denn sonst verliere man sein Seelenheil. Diese Überzeugung hatte sich im Anfang des Jahres festgesetzt. In der Zeit am Ende der Weltgeschichte galt es radikalen Widerstand zu leisten.

Als er dann im Oktober den Text des römischen Banns las, glaubte er, daß die Bannbulle Christus selbst verdammte. Als die Frist zum Widerruf nach 60 Tagen abgelaufen war, berichtete er Spalatin von seiner Tat vor dem Tor. Dazu, wollte er so den Papisten zeigen, gehört nicht viel, Bücher ins Feuer zu werfen – widerlegen müßte man sie. Der Befehl des Papstes war nämlich befolgt worden: in Löwen, Köln und Mainz. Und schon 1519 hatte der Ablaßverkäufer Tetzel einmal einen Scheiterhaufen angezündet. Jeder verbrannte des anderen

Thesen: Tetzel die Luthers und Luther die des Tetzel. Spalatin war auch nicht erschreckt. Denn Anfang Dezember hatte ihm Luther angezeigt, daß er Ausgaben des kanonischen Rechts gesammelt hatte, um sie zu verbrennen. Die Bulle, so hatte er damals im Sinn, wollte er bei einer Predigt auf der Kanzel an die Kerze halten, sobald seine Schriften in Leipzig in Flammen aufgingen.

Dennoch nahm Luther die Sache ernst. Als die Galgenfrist ablief, schritt er mit Furcht und Zittern, auch Gebet zur starken symbolischen Tat. Seine Spannung glättete sich zu Heiterkeit. Die Umkehr ins Spiel des Lächerlichmachens der Studenten erwähnte er mit keinem Wort. Tumult der Studentenbewegung gehörte zu den Zeichen der Endzeit – schon im Sommer 1520 hatte er ihnen gepredigt, sie sollten die öffentliche Ordnung bewahren. Aber das hatten sie am 10. Dezember auch getan. Sie spielten das Spiel nur aus.

Daß sein Handeln Unrecht war, glaubte Luther nicht. Bücher verbrannten schon die Jünger des Paulus, so rechtfertigte er sich. Wenn die Papisten meine Bücher ins Feuer werfen, so entsteht bei den Leuten der Eindruck, Luther sei im Unrecht. Dem war öffentlich zu widerstehen. Das geistliche Recht war Gift, das wies er im einzelnen nach. Daß der Papst nach eigenem Willen richten konnte, willkürlich, ohne Christus, das war die Summe des geistlichen Rechts. Nicht umsonst ließ er sich Gottmensch nennen. Das war der stinkende Greuel, den Christus Matthäus 24,15 für das Ende der Welt vorausgesagt hatte. Und seit Luzifer von den besten Engeln abfiel, wiederholte sich die Perversion, daß das größte Übel von den Besten kommt. So wird der Papst zum Antichrist. Luther schrieb in seiner Flugschrift »Warum des Papsts und seiner Jünger Bücher von Doktor Martin Luther verbrannt sind« nichts Neues, nur Genaueres. Noch im Dezember 1520 erschien sie in Wittenberg. Sie wurde sofort und oft nachgedruckt.

Auf die Angelegenheit kam Luther selten zurück. Er mußte 1521 nach Worms auf den Reichstag. Sein Bekenntnis vor Kaiser und Reich ist berühmt geworden. Doch den Widerruf gegen den Papst hatte er schon am 10. Dezember 1520 geleistet.

6.

Vielleicht noch im gleichen Jahr kam eine andere kleine Schrift heraus. Sie hatte den Titel »Das Teütsch Requiem über die verbränte Bull vnnd das Bäpstlich Recht«. Sie ist eilig geschrieben, heißt es, kurz, nur 4 Blatt, und so aus einem Guß. Die Verbrennung der Bulle in Wittenberg ist als bekannt vorausgesetzt – jeder weiß das. Und fünf Nachdrucke – alle aus Oberdeutschland, der erste Druck wird in Basel vermutet – taten dasselbe.

Luthers Tat ist nicht einmal genannt, doch gedeutet als Befreiung und Reinigung. Die Bande des Menschengesetzes sind durchschlagen, »wir sind frei und ledig worden«. Die Tyrannei des Papstes ist dahin, das liebliche Joch Christi kann man nun halten. Das verfaulte Wasser des Gesetzes Gottes ist jetzt sauber, seinen Willen kann man »rein und lauter« hören. Die Wahrheit zu reden bleibt frei und unbeschwert, der Himmel ist wieder geöffnet. Und zwar durch Gott selbst. Das hinkende und lahme kanonische Recht ist vom Abgott des Feuers, Vulkan, selbst geopfert worden. »Der Deckel ist vom Topf.« Man kann wieder ein rechter Christ sein, ehrbar, tugendsam und christlich leben. Ohne Ablaß zu kaufen, ohne die umschweifigen geistlichen Rechtssätze – nur das kaiserliche und weltliche Recht gilt. Geistliche Pfründen braucht man nicht mehr zu erkaufen. Erledigt ist die Gewalt des Papstes. Die Seelen im Fegfeuer bedürfen der päpstlichen Fürbitte nicht mehr. Dafür sitzen die Advokaten des geistlichen Rechts in der Hölle. Es ist mit dem Rauch vertilgt worden.

Wie ein vielköpfiges Ungeheuer fielen die Schreiben des Papstes vom Himmel, der Bann wie ein Blitz. Doch er wurde zermalmt, wie das Feuer der Hydra sich bis auf die Wurzeln ausgerottet hat. Ruhe auf ewig – requiem in aeternam, spottet die Schrift. Auch der Antichrist soll das Papstrecht nicht wieder vom Tod auferwecken. Das Licht des verzehrenden Feuers möge ihm immerdar leuchten.

7.

Die Wittenberger Studentenbewegung ging fort. Im Karneval 1521 verhöhnten sie den Papst. Eine lebensgroße Puppe mit Maske und Prachtgewand trugen sie in der Stadt herum und zerstückelten sie dann in den Stadtteilen. Die Larve sollte ihn als Heuchler, der Pomp als unernsthaften Liebhaber des Luxus entlarven. Der Hohn ist angemessen, kommentierte Luther, denn er hat Christus verhöhnt. Der Papst ist der Feind Christi.

Im Oktober 1521 – Luther war nach seinem Auftritt am Reichstag in Worms auf der Wartburg – kam wie gewöhnlich ein Antonitermönch nach Wittenberg, er ritt herum und klingelte, um zu Spenden aufzufordern. Studenten folgten ihm, bewarfen ihn mit Straßendreck und Steinen.

Am Sonntag störten sie seine Bettelpredigt: Du mußt lange klingeln, bis ich dir einen Pfennig gebe. Als er vor dem Hof der Antoniter Wasser weihen wollte, stießen sie ihm das Gefäß um. Ein Anschlag an der Kirchtür zog ihn ins Lächerliche.

Ernst wurde es im Dezember. Sie verhinderten mit Steinwürfen ein Marienamt, am 3. Dezember gingen sie im Hochamt gegen die Priester vor, sie drängten sie von den Altären und trugen die Meßbücher fort. Bloße Messer hatten sie unter den Kleidern versteckt. Auch Bürger hatten sich beteiligt. Ein Jahr nach dem Narrentreiben der Studenten mit der verbrannten Bulle griff die Bewegung auf sie über. Der Wittenberger Rat fürchtete einen Aufruhr dieser »Martinianer«.

Gegen Mönche, ihr Betteln, vor allem gegen die Messe war in Wittenberg viel gepredigt worden. Melanchthon war Ende September, zu Michaelis, mit allen seinen Studenten zu einer Abendmahlsfeier gegangen, bei der Brot und Wein kommuniziert wurden. Die Messe bekämpfte ein Ordensbruder Luthers, der Augustinermönch Gabriel Zwilling, als Götzendienst. Der feinere Unterschied, den er predigte, daß nämlich nicht die Hostie, sondern Christus in ihr anzubeten sei, wurde nicht aufgenommen. Zwilling hielt die Mönche zum Austritt an, die Laien sollten den Bettelmönchen nichts geben, er selbst werde aus dem Kloster gehen.

Zwilling galt als zweiter Luther. Die Mönche des Augustinerklosters wandelten sich zu Vorreitern der Reform des Gottesdienstes. Karlstadt, der Professor, hielt dann an Weihnachten ein Abendmahl für alle unter beiderlei Gestalt. Dabei nahmen die Laien den Kelch selbst in die Hand. Als eine Hostie auf den Boden fiel, sprach er einem Laien zu, sie aufzuheben. Das Heilige wurde Sache der Laien.

Auch die Zerstörung von Gegenständen in der Kirche ging weiter: Einige zerschlugen in der Christnacht Ampeln, einen Priester drohten sie mit Bleikugeln zu bewerfen. Ja, alles in der Kirche würden sie zerschlagen. Wie Ende Januar 1522 die Heiligenverehrung, so standen auch die Bilder zur Diskussion.

Philipp Melanchthon konnte, wie er schrieb, »das Wasser nicht halten«. Wenn das Heil der Seele auf dem Spiel stand, mußte man ernstlich etwas ändern. Ähnlich hörte sich Karlstadt an: Uneinigkeit verursacht nicht, wer dem Wort Gottes folgt. Wer Erneuerung als Skandal empfindet, ist kein Christ. Melanchthon hatte auch die demonstrative Hochzeit seines Kollegen besucht.

Dem Kurfürsten und seinen Räten war die rasche Bewegung zuviel. Sie sahen, daß sie ihnen entglitt und worauf sie hinauslief: Karlstadts und Zwillings Predigten ermächtigten den gemeinen Mann, selbst zu herrschen, »wenn sie sagen, daß die Gemeinde Vollmacht habe, aus Mitleid und Liebe Änderungen vorzunehmen, wenn die Obrigkeit nichts tut.« Einigkeit sollte wiederhergestellt werden, indem man die Prediger kontrollierte. Die rechten Prediger sind Hirten, nicht Wölfe, also unanstößig.

8.

Bücher verbrannte man weiter. Am 14. März 1556, so empörte sich ein Flugblatt aus der reformierten Schweiz, warf man in Zug sogar Bibeln ins Feuer. Ein »Liebhaber der Wahrheit« aus Zug will an einen guten Freund geschrieben haben:

Hier gibt es viele gutherzige Leute, die das Evangelium, die reine Lehre, das lautere Wort Gottes gern hörten und annähmen, wenn es sich machen ließe. Das läßt der Teufel nicht zu. Viele wüten mit Grimm dagegen, besonders auf dem Land. Dort darf man nicht einmal davon reden. Sie werden zu tollwütigen Hunden, wenn man von der Heiligen Schrift spricht. Luthers Übersetzung der Bibel geben unsere Pfaffen als gefälscht aus.

Nun haben wir einen Pfarrer gehabt, gewiß nicht einer der gelehrtesten, eher einen Typ, der alles den einzelnen überließ. So kam es, daß viele Zuger Bürger eine Bibel besaßen. Als er starb, kam ein etwas gelehrterer Pfarrer, der konnte gut predigen. Und er predigte mehrfach, das Wichtigste sei, daß wir von unseren Lastern ließen. Fasten, Gebete sprechen, Feiern, Almosen geben, Messe halten, Jahrzeiten stiften, in die Kirche laufen und auch Wallfahrten, Seelmessen stiften, Kirchenbauen helfe nichts, denn das solle nur Gott bewegen, uns die Sünden zu vergeben. Gott aber will ein reines gläubiges Herz, nicht Werke ohne Glauben haben.

Die Herabsetzung der guten Werke, die doch die Vorfahren hochgehalten hätten - sie seien damit auch gut beraten gewesen –, nahmen die Päpstler übel. Sie sprachen zum Pfarrer, solche Predigten solle er unterlassen. Der antwortete: Was ich gepredigt habe, ist aus der Heiligen Schrift, daraus kann ich es auch belegen. Ich habe keine Bibel hergebracht, sondern hier gefunden. Das ist lutherisch gepredigt, entgegnete man ihm. Was Luther predigte, weiß ich nicht, sagte er. Ich habe ihn nie gesehen, auch nicht predigen gehört.

Nun berieten die Papisten mit dem Rat die möglichen Folgen: Wie die Züricher und Berner müßten sie dann Abstand von Fürsten und Herren nehmen und könnten keine Werbungsgelder für Söldner – Pensionen hieß das – mehr einnehmen. Und die Vorfahren sind mit den guten Werken selig geworden. Früher, als man keine deutsche Bibel gehabt habe, sei es wohl und besser gestanden. Und drum ist es unrecht, wenn man Laien die Bibel haben läßt. Wir wollen die Bibeln durch den Henker verbrennen lassen. Es sei besser, die Bibel zu verbrennen, als das ganze Land in Zwietracht und Uneinigkeit zu stürzen. Also ging das Gebot aus, Bibeln im Rathaus abzuliefern.

Am 14. März 1556 warf man die Bibeln alle auf einen Haufen, und der Henker verbrannte sie öffentlich als ketzerisch. Nicht anders als Kaiphas, der Hohepriester, der Christus verurteilen ließ, dachte der Rat in Zug: Es ist besser, daß ein Mensch sterbe, als daß das ganze Volk verderbe.

Fastenbruch in Zürich

1.

Am 5. März 1522 begann die Fastenzeit. In der Zunftstube der Züricher Bäcker, »Zum Wecken«, saßen Zunftbrüder mit ihren Frauen zum Imbiß, »lebten wohl und hatten genug«. Auch Melchior Pfister nahm an der Aschermittwochsmahlzeit teil. Seine gesättigte Ruhe störte Heini Aberli, der von einem Stück Braten auf seinem Teller eine Scheibe abschnitt und sogar einen Bissen in den Mund steckte. Ob das Fleisch ihm auf den Teller geworfen war oder nicht, war strittig, auch ob Aberli überhaupt Fleisch gegessen hatte oder nicht. Warum dann hatte ihn Lienhart Seßler getadelt: Das sei doch nicht nötig, den guten Gesellen gebe das nur ein böses Beispiel.

Wahrscheinlich war es doch eine Demonstration. Denn, wie der Schaffner der Augustiner berichtete, Aberli zog, als er eines Abends in deren Kirche ging und sich mit Gesellen vom Fleischessen unterhielt, eine Wurst aus dem Rock. Die zerschnitt er und gab Wolf Iniger, dem Tischler, und Rüegger, dem Buchdrucker, davon, aß auch selbst ein Stück.

Worauf dieses Mahl anspielte, wurde bald klar. Ein Augustiner schalt sie: Wenn ich euer Ratsherr wäre, würde ich euch strafen, so lange bei Wasser und Brot in den Wellenberg gefangensetzen – der Turm stand in der Limmat –, bis man von Rom Erkundigung eingezogen hätte, ob das recht ist oder nicht. Aberli widersprach als Wortführer der Gruppe: Ihr seid zwar Herren, aber nicht unsere Meister, so widerspenstig. Dann brachte es einer auf den Punkt: »Ihr Mönche und Pfaffen seid Schelme und Diebe. Ihr empfangt den Leib und das Blut des Herrn in der Messe, den Laien gebt ihr nur die Hostie, nicht den Kelch.« Um das Mahl des Herrn drehte sich der fastenbrüchige Spott. Im Ernst stand der Anspruch der Geistlichen zur Debatte, die den Laien das Blut des Herrn stahlen.

2.

Aberli und Rüegger hatten auch zum Küchleinschmaus im Haus des Buchdruckers Froschauer gesessen. Dabei waren dort Huldrych Zwingli, Leutpriester am Großmünster, Leo Jud, damals noch Leutpriester in Einsiedeln, später dann an der Züricher St.-Peters-Kirche, Lorenz Keller, Pfarrer in Egg, Konrad Luchsinger und Konrad Escher – insgesamt zwölf Männer, auch die Gesellen des Drucker, darunter Rüegger. Erst das Küchlein, ganz brauchtumsgemäß, dann der Fastenbruch.

Die Magd Bärbel holte am Vorabend das Wurstfleisch bei Metzger Hans Heß unter dem Vorwand, sie wolle es einer Wöchnerin geben. Hans Froschauer, der Meister, gebot der Magd Elsi Flammer an Invokavit, davon Würste zu kochen. Der Meister holte zwei gekochte Würste hervor, die er zerschnitt, und teilte jedem ein Stück aus. Alle aßen, außer Zwingli. Später bekamen auch die Rebknechte vom Fleisch in den Fasten. Und die Buchdruckergesellen: Martin Hantler hatte sich nichts dabei gedacht, jedenfalls nichts zur Verachtung der Kirche, zu Beginn der Fastenzeit hatte er auch schon einmal ein paar Eier gegessen.

3.

Trotziger klang es von Hans Kloter, einem Kürschner, der am selben Tag eine Fleischsuppe aß. Damit begehe er keine Sünde, er esse nur, was ihm Gott brate. Das habe ihn sein Seelsorger und Leutpriester gelehrt. Dabei waren wieder Heini Aberli, der Bäcker Bartholomäus Pur, der schon bei Froschauer war, Hans Utinger, Hans Uoli Schnider und andere.

Bedachter argumentierte ein Schreiben des Froschauer, der alles zugab, nichts beschönigte, aber begründete: 1. er habe gerade viel und kostenträchtige Arbeit, die Briefe des Paulus – wahrscheinlich die deutschen Paraphrasen des Erasmus – zu drucken. Tag und Nacht, feiertags und werktags, da kann man nicht von Mus leben, Fisch kann ich mir für die ganze

Mannschaft nicht immer kaufen. 2. Der innere Grund: Jetzt erleuchtet uns Gott mit dem Licht der Wahrheit, das Gotteswort, das Evangelium, daran müssen wir uns halten, denn dies ist das Erbe Gottes. Nach der Regel des Evangeliums müssen wir handeln. 3. Mit der Stadt Zürich hat Gott es treulich gemeint, wenn er ihr einen Prediger gab, wie man ihn in ganz Deutschland nicht besser findet. 4. Nie kam mir in den Sinn zu sündigen – jedenfalls nicht gegen Gott. Auch nicht in der Öffentlichkeit: Nur meine guten Freunde und Gesellen haben es probiert, sonst hat niemand daran Anstoß nehmen können. Niemand kann es doch allen recht machen; wer sich ärgert, muß das tun. Und gegen die Stadtgesetze habe ich auch nicht verstoßen. 5. Er rief die Ratsherren an, ihn gegen die Geistlichen zu schützen; wenn der Rat ihn strafe, will er sich nicht widersetzen. 6. Er sei niemand nichts schuldig, das sei sein freier Entschluß gewesen, nicht gegen oder jemandem zuliebe. 7. »Ich glaube der Heiligen Schrift, die sagt, das Leben des Christen besteht nicht in Essen noch Trinken, überhaupt nicht in äußeren Handlungen, allein im rechten Glauben, in Vertrauen und Liebe, damit wir wahrhaftig, gerecht, freundlich und einfältig zusammen leben.« Davon soll mich keiner abbringen.

4.

Jeden Morgen um 8 Uhr kamen Männer im Großmünster zusammen. Die Sprachgelehrten saßen in einem besonderen Gestühl. Nach dem Eingangsgebet stand einer der Lehrer auf, las ein ganzes oder halbes Kapitel aus der Bibel, erst lateinisch, dann ein anderer hebräisch, da man mit dem Alten Testament anfing, das übersetzte er ins Latein. Er wies dabei auf die Bedeutungen hin, »ihr Kraft und Vermögen«, und kritisierte die alte lateinische Übersetzung, die Vulgata. Drittens las einer, Zwingli ist hier genannt, den griechischen Text des Alten Testaments, die »Septuaginta« vor, auch dies wurde ins Lateinische übersetzt. Er faßte auch die »Meinung«, den Sinn zusammen. Erst am Schluß legte Leo Jud alles auf deutsch aus.

Dies nannte man die »Prophezei«. Die Gelehrten belehrten einander, dann die interessierten Laien. Der Text der Bibel wurde erarbeitet, gleichsam philologisch. Und diesen Text, soweit er vorlag, druckte dann die Froschauerbibel von 1531. Nirgends in den neuen Kirchen wird klarer gemacht, daß die Heilige Schrift die Kirche leiten sollte: Jeden Morgen unterstellten sich Geistliche und Laien, die Zeit dazu hatten, der Auslegung. Die Schrift allein wird hier in Praxis gesetzt. Diese Einrichtung dauerte über den Tod des einen Reformators, Zwingli, hinaus: Jud lebte bis 1542. Die Laien hörten zu, weil sie die Sprachen nicht kannten. Sie waren angebunden. Aber anders als auf den Universitäten der Lutheraner, die eine geschlossene Körperschaft blieben, veröffentlichte man in Zürich das Wort Gottes in neuer Auslegung, jeden Morgen.

5.

Eine Bibelschule traf sich in einem kleinen Kreis, bei Heini Aberli, einem Bäcker, mit einem Buchhändler, Andreas auf der Krücken, wie er ging, oder Castelberger, wie er hieß. Castelberger sollte die Lehre und Briefe des Paulus auslegen. Es nahmen uns Bekannte teil: Lorenz Hochrütiner, Wolf Iniger, Bartholomäus Pur. Das muß vor November 1523 gewesen sein, dann wurde Hochrütiner ins Exil geschickt. Da immer mehr Leute kommen wollten, auch Bauernvolk, wechselte man mehrmals das Lokal. Nicht in einem Stall oder Keller tagte diese Laienprophezei, sondern in einem Haus. In die Trinkstuben wollte man nicht, weil da Wein und Sauferei vor sich ging. Und sie war wohlbekannt. Castelberger wurde einmal verspottet, als er über die Limmatbrücke lief: Herr Leutpriester, wann predigt ihr?

Castelberger berief sich auf die Predigten Zwinglis. Die Auslegung scheint lebenspraktisch gewesen zu sein. Wenn eine Ehefrau eine andere als Hure beschimpfte und sie sich dabei besser vorkam, so sei die Hure, wenn sie ihr Tun bereute, so gut vor Gott wie die Ehefrau. Oder: ein reicher Wucherer, der Gut zusammenbringe, um sein Kind zu erziehen, sei nicht besser als der Arme, der für seine Kinder einen Diebstahl begehe. Beide solle man hängen, aber vor Gott sind sie gleich. Ein anderer berichtete, er habe gehört, daß Castelberger lehrte, wenn ein Reicher einen Armen von Haus und Hof vertreibe, sei er schlimmer als ein Dieb und vor Gott ein Mörder.

Castelberger schärfte seinen Schülern ein, sich nicht besser zu dünken, auch wenn sie nun besser evangelisch belehrt seien. Sozialkritisch, wenn auch nicht viel radikaler als Zwingli, war es, wenn er die Reisläufer, die um Geldgewinns willen in den Krieg zogen, Mörder hieß. Später lehrte er gegen die Kindertaufe: Er nahm sich Zwinglis Büchlein von der Kindertaufe vor und legte dar, wo er irrte.

Weil er ein »Täufer« war, wies der Rat den Buchhändler auf Krücken aus: Er sollte nach Graubünden, wo er herkam, gehen. Castelberger, Bartholomäus Pur, Heinrich Aberli hatten 1524 den Brief unterschrieben, den Konrad Grebel an Thomas Müntzer schrieb – eine Art Gründungsurkunde der Züricher Täufer. Sie waren keine Philologen. Das Wort Gottes legten auch sie aus.

Weihehandlung in Augsburg 1524

1.

Am Sonntag, dem 8. Mai 1524, stieg der Taschenmacher Franz Lamenit um 5 Uhr aus dem Bett und hieß seine Frau aufstehen und in die Barfüßerkirche zur Predigt gehen. Da sie sich noch anziehen mußte, ging er voraus. Einen Platz wollte er ihr freihalten, bei dem Kirchenstuhl, den er nahe am Weihwasserkessel hatte. Als Franz Lamenit in die Kirche kam, sah er viele Leute um den Weihwasserkessel herumstehen. »Was soll das werden?« fragte er, und die Antwort fiel unbestimmt aus – ebensowenig wie er wußten andere von dem Erwarteten, nur glaubten sie, darum sammelten sie sich um den Weihwasserkessel, daß dem Mönch eine »Büberei« geschehen sollte. So jedenfalls murmelte man.

Auch der Mönch, der in die Kirche kam, um das Wasser zu segnen, fürchtete etwas. Denn er hielt inne, als er eintrat, sah sich um, als ob ihn grauste, trat dann doch auf den Kessel zu. Er blieb ein Stück weit davon entfernt, nahm aber das Buch, in dem die Benediktionsformeln standen, die er lesen sollte. Da fragte einer, der Bartel Tuchhefter oder der Beringer, was er tun wolle, und der Mönch antwortete: »Ich will das Wasser weihen«, in lateinischer Sprache, wie gewohnt. Da sprang schnell einer aus der Ansammlung hervor und sagte, er solle auf deutsch segnen, damit man es besser verstehe. Worauf der Mönch, so hörte jedenfalls Lamenit, gesagt habe: »Da habt ihr das Buch, lest selber.« Schon aber hatte einer dem Mönch das Buch weggenommen und es in den Kessel geworfen, während der Kuttenträger weglief. Ein anderer Bürger nahm das Buch heraus und warf es auf den Boden, doch ein anderer hob es wieder auf und warf es wieder hinein. Auch Lamenit tauchte das Buch unter das Wasser, aber als die vielen Herumstehenden schrien: Lamenit, zerreiß das Buch!, nahm er es nur, schlug es auf, rieb es zwischen den Händen und meinte, so etwas, gutes Kalbsleder, könne man nicht zerreißen. Und dann warf er es wieder hinein. Aber danach nahm Bartel Tuchhefter ein Messer und zerschnitt es. Da sagte Franz: Es sei doch genug, wenn das Buch durchnäßt sei, er solle es nicht zerschneiden. Dann ging er weg. Daß er dem Bürgermeister gestanden habe, er habe geredet: »Ich taufe das Buch im Namen des Vaters, des Sohns und des heiligen Geistes«, das habe er nur gesagt, um glimpflicher zu erscheinen.

Hinter der Sache steckte also mehr, wenn er Glimpf suchte. So zufällig war Franz Lamenit nicht in die Sache hineingeraten, und obwohl er es leugnete, mochte er zumindest etwas geahnt haben. Andere jedenfalls hatten vermutet, daß an diesem Sonntagmorgen etwas passieren würde. Und nicht zufällig war es auch, daß die Weihehandlung gestört wurde: Wie andere Zeugen in dem Verhör vor dem Rat aussagten, hatte der Franziskanerlesemeister öfter, ja täglich gepredigt, daß es mit dem Weihwasser nichts wäre, es nehme niemandem die Sünde ab. Doch die Franziskaner ließen davon nicht ab. Und so machten sich Laien daran, das Ritual des Segnens des Wassers als nichtsnutzig zu entlarven. Bartel Tuchhefter wollte sogar den Mönch gewarnt haben, das Wasser solle er nicht mehr weihen, wenn er das am Sonntag wieder tue, dann würde man »einen schönen Scherz« sehen. Aber er habe nicht gesagt, daß er das Buch wegnehmen und in das Weihwasser werfen wolle.

Die Sache war also geplant. Und zwar am vorherigen Himmelfahrts- und Kreuzfindungstag, dem 5. oder 3. Mai, als man zusammen gesessen und getrunken habe in Hans Haß, des Maurers, Haus. Dabei sei der Lesemeister und ein anderer Barfüßer gewesen, der Bartel Tuchhefter, ein Weber Peter, und Utz Richsner, auch ein Weber. Richsner hatte von dem Vorfall nichts gesehen, weil er hinten in der Kirche stand, die Leute auf die Stühle kletterten und der Zulauf zum Kessel und das Geschrei je länger, desto größer wurden. Nur das Wasser hatte er aufspritzen sehen, den Bartel auch, doch gesagt: »Hat ihn denn der Teufel hereingebracht?« Den Bartel wollte er dann doch wegführen, damit ihm von Männern und Frauen, die hinzuliefen, nichts widerfahre.

Mehr sagte dann der Weber Peter Schepper von dem, was bei dem Umtrunk am Kreuztag, also am 3. Mai, gesprochen worden war. Damals habe Richsner zum Lesemeister gesagt, er habe ein oder zweimal das Salzbüchslein fallen lassen, bevor man es geweiht hat. Der Lesemeister: »Ich weiß nicht, wie lange man das aufrechterhält, ich würde es geschehen lassen, wenn man den Weihwasserkessel umstürzte, damit man ihn herumtragen kann.« Der Maurer Haß sagte damals, er habe von einem »Anschlag« gehört: »Es wäre fast besser, man nähme einem das Büchlein, wenn er das Weihwasser segnen will, und würfe es ihm in das Wasser«, doch dann hätte man nichts mehr dazu gesagt.

So kann man den Hergang rekonstruieren: Täglich hörte man, so Bartholomäus Nußfelder, ein Augsburger Glaser, das Weihwasser tilge die Sünde nicht und sei ihnen nichts nutz. Sie sollten ihre Hoffnung alleine auf Gott setzen, nicht auf das Wasser. Einige Frauen, so fügte er hinzu, auch die Frau Richsners, hätten Barfüßermönche gewarnt, indem sie diese anschrien, sie sollten das Weihen von Salz und Wasser bleiben lassen. Doch die Mönche wollten das nicht tun. Auch der Mönch am 8. Mai hatte demnach gewußt, was er zu gewärtigen hatte. Und so habe er, Nußfelder, zu dem Mönch gesagt: »Lieber Herr, weiht uns das Wasser auf deutsch, damit wir es auch verstehen.« Und als er weglief: »Du weist uns von der evangelischen Wahrheit ab, die man uns täglich predigt, und willst uns davon fernhalten.« Und so machte Bartholomäus Nußfelder sein Motiv deutlich: man solle sie mit diesem Unsinn nicht weiterhin vom Evangelium fernhalten, sonst predige man vergeblich, denn sie täten das Gegenteil von dem, was die Prediger verkündeten. Oder wie es der Maurer Haß zusammenfaßte: allein um des göttlichen Wortes willen habe man so gehandelt. Ob er wohl auch auf Glimpf spekulierte?

2.

In der Großstadt Augsburg redete man viel: im Haus, alltäglich und wenn man sich mit Bekannten traf, wie beim Treffen der Barfüßermönche mit den Handwerkern im Haus des Maurers. Man redete auf dem Markt, beim Wein und auf der Straße. Man redete von Politik und von der Religion. Man redete auch in der Kirche. Wie im Jahr zuvor, als der Diener des geistlichen Gerichts in der Predigt gelacht hatte.

Man redete auch beim Wein von Gott. Am 30. Dezember 1526 lärmten im Schefflerzunfthaus einige Gesellen; als der Wirt sie mahnte, weil die Herrengäste sich darüber ärgerten und ausziehen würden, widersprachen einige Gesellen: »Wir sind doch alle ein Fleisch und Blut und haben nur einen Herrn, das ist Gott, wir verzehren hier ebenso wie die Herren und bezahlen.« Und einer noch ausdrücklicher: »Es ist nur einer Herr, und der ist im Himmel, hier unten ist keiner Herr« – wenn er Geld hätte, wollte er auch ein Herr sein. »Herren gibt es nicht, denn Gott ist der Herr.«

Oder, wieder 1524 im September, hatte man den Seiler Ott zu einem Bauern auf der Straße reden hören: »Wir sind schon immer evangelisch gewesen. Man hat uns viele Lügen vorgesagt. Wenn wir dem Evangelium nachfolgten, müßten wir alle wie Brüder sein.«

Die Bürger wußten auch, daß die Herren, gemeint waren die, die im Rat als städtische Obrigkeit saßen, solche Reden aufmerksam abhören ließen und daß sie versuchten, solche Reden gegen sie zu verfolgen: Nach der Predigt am 14. September standen viele, so heißt es, auf dem Perlach, dem Platz neben dem Rathaus, vor dem Spenglerladen, und einer sagte: Man kann nie wissen, wer verantwortlich ist – es handelte sich um die Verfolgung des Aufstands, auf den gleich einzugehen ist – »Niemand als die Kaufleute sind schuld, die sitzen im Rat und machen, was sie wollen.« Es soll aber, so fügte er hinzu, »niemand etwas reden, man will es nicht haben.« Auch der Zunftmeister der Weber, Anton Bimel, stand dabei. Zu einem, der beklagte, daß sein Bruder gefangengesetzt worden war, meinte er: »Heb dein Maul zu.« Zum selben Utz Leser, als er gefangenlag, kam einer und sagte: »Utz, ich habe dich mehrmals gewarnt, du hast dich aber nicht darum gekümmert. Ich bitt' dich, beschließe hinfort deinen Mund und rede nichts Übles mehr gegen die Herren.«

Denn die Predigten des Franziskanerlesemeisters und der Vorfall in der Barfüßerkirche hatten dazu geführt, daß der Rat den Prediger abberufen ließ. Als er hinterrücks aus der Stadt verschwand, versammelte sich eine Bürgermenge vor dem Rathaus. Sie verlangten, Johannes Schilling, der Lesemeister, solle wieder zurückkommen. Und dabei wurden auch weitergehende Vorstellungen laut, so: Die Gemeinde ist mehr als der Rat – das war schon früher geäußert worden: ein Konvent, hieß es, sei mehr als der Abt, und ebenso die Gemeinde mehr als ein Rat. Oder eine Frau: Daß Gott erbarm, man ermordet die Leute um der Wahrheit willen, die Bürgermeister sind Ketzer. Man handelt unter dem Hütlein, sagte eine andere Frau, die Gemeinde muß auch wissen, was man verhandelt, »unsere Männer müssen auch einmal da oben sitzen.« Anna, des Webers Hans Fastnacht Frau, verkündete vor der Predigt in der Kirche St. Anna etwas vollmundig, die Frauen würden die Sache in die Hand nehmen: »Wenn unsere Männer nicht dazu tun, so wollen oder müssen wir Weiber dazu tun.«

Johannes Schilling kam wieder in die Stadt, im November war er erneut verschwunden. Nur vom April bis November 1524 war er in der Stadt gewesen. Aber seine Predigten hatten die einfachen Leute zu Handlungen bewogen. Sie wollten nun, daß sich in der Kirche etwas änderte: Predigten hatte man schon vordem gehört, in St. Anna und anderswo, aber dabei sollte es nicht bleiben. Dem Rat ging das zu schnell, seine Rücksichten geboten Vorsicht. So radikalisierte sich der Wille zu Veränderungen. Handlungen waren geboten, und diese Stufe der Reformation in Augsburg setzte das Volk in Gang.

3.

Zu Anfang des 19. Jahrhunderts wollte der Zürcher Wirt sein Gasthaus zum Rößli modernisieren. Was alt war, stellte er auf den Sperrmüll. Ein Kunstkenner, der Chorherr Nüscheler, passierte das Haus, und er sah einen Holzhacker, dem er ein Tafelgemälde entriß, das die Stadt Zürich um 1500 darstellte: ein Panorama vom Großmünster über die in der Limmat gebaute »Wasserkirche« zum Stadtteil auf dem linken Ufer mit Fraumüster, St. Peter und den Lindenhof. Dieses Bild des Malers Hans Leu des Jüngeren, das vermutlich ins »Rößli« kam, weil der Bruder von Zwinglis Frau damals dessen Wirt war, rettete Nüscheler. Man kann eine Kopie des Bildes, das er fand, noch im Schweizerischen Landesmuseum betrachten. Man malte es, als man entdeckte, daß in einigen Teilen Figuren übermalt worden waren. Was im 19. Jahrhundert dann freigelegt worden war, kann heute ebenfalls besichtigt werden: das Martyrium der »Stadtheiligen« Felix und Regula sowie ihres Knechts Exuperantius, den die Zürcher »Häxebränz« nannten. Sogleich fällt auf, daß Unterkörper und Beine fehlen, auch der Kessel mit dem siedend heißen Öl, in dem die drei Heiligen standen. Nicht nur alle Figuren waren nach 1566 übermalt und so das Stadtpanorama vervollständigt worden, sondern die überflüssigen Teile, die nichts von der Stadt zeigten, abgeschnitten. Das Bild, das einst auf dem Altar der Heiligen in der Zwölfbotenkapelle des Großmünsters aufgestellt war, wo die Reliquiensärge aufbewahrt wurden, hatte den »Bildersturm« von 1524 nur überlebt, weil es die Stadt Zürich zeigte.

Bildersturm ist der geläufige Begriff dafür, daß aus den reformierten Kirchen die Bilder der Heiligen entfernt wurden – in Zürich ging dies nach langer Predigt gegen die Verehrung der Heiligen vor sich, angestoßen 1523 von radikalen Bürgern, erst 1524 angeordnet und behutsam durchgeführt, dann wurde ordentlich aufgeräumt. Die Zwölfbotenkapelle erschien nun in weißer Tünche. Nur noch gepredigt wurde hier – nach wie vor durch den Leutpriester Huldrych Zwingli. Das

Heilige war nicht mehr zu sehen, nur noch zu hören, auch zu lesen. Und in gedruckten Bildern zu schauen. Denn die Bibeln der Züricher waren bebildert, wie schon die Titelblätter der Flugschriften. Wappenscheiben schmückte man mit biblischen Geschichten, ebenso Ofenkacheln. Bilderfeindlich an sich war auch Zürich nicht. Erst im 17. Jahrhundert bemerkte ein hoher Geistlicher, daß die Leute in den Bibeln lieber die Bilder anschauten als das Wort lasen, und danach erschienen die Bibeln unbebildert.

Blieben die Glasgemälde und Ofenkacheln. Einige zeigten noch die Stadtheiligen. Felix, Regula und Exuperantius wies auch das alte, bis ins 19. Jahrhundert benutzte Stadtsiegel aus. Im 19. Jahrhundert fühlte auch Zürich romantisch: Das neue Stadthaus bemalte man mit Szenen der Märtyrer, die Stadtheilige gewesen waren. Dazu setzten die Stadtväter ein Bild, wie der Mönch Florentius die Legende aufschrieb. Historisch war das fast in Ordnung.

Noch kurz vor dem Ausräumen der Heiligenbilder aus den Züricher Kirchen hatte ein Chronist die Legende von Felix, Regula und Exuperantius nachgeschrieben. Sie spielte im Anfang des 3. Jahrhunderts, unter den römischen Kaisern, die Christen verfolgten. Maximian soll es gewesen sein, der den Decius auch in Helvetien auf Christenjagd schickte. Felix und Regula spürte er bei dem Kastell Turigo an der Limmat auf, wo sie an einem Quell einsiedlerisch außerhalb des »Schlosses« lebten und beteten. Der Züricher Chronist Brennwald ließ sie dann auch predigen.

Die Schergen suchten nach den Christen der aus Ägypten stammenden Thebäischen Legion: Das Christentum kam aus dem vorderen Asien und Nordafrika. Zunächst waren die Verfolger blind, sie sahen die drei Einsiedler nicht. Felix nahm das Martyrium an: Gott, unser Schöpfer, will uns heimsuchen, dies ist die Zeit des Heils. Er bekannte offen, er und seine Schwester seien Christen. Die Chance zu überleben, indem er den römischen Göttern opferte, schlug er aus. Christen glaubten an den Gott der grundlosen Barmherzigkeit. Decius ließ die drei erst blutig schlagen. Das geschah auf dem Platz, wo später das Frauenkloster Ötenbach gebaut wurde. Und der »Wüterich« Decius, der Masochist, schaute vom Schloß allen Folterungen zu: Als sie in siedendem Öl gesotten wurden und unversehrt blieben, in geschmolzenem Blei und Pech, auch das schadete nichts. Nach der vergeblichen Marter auf dem Hof, dem Lindenhof, dachte Decius sich eine noch grausamere Folter aus. Zwei gegeneinander laufende, mit Schneidmessern bestückte Räder sollten die Heiligen zerstückeln, doch ein Donnersturm zerschlug die Räder auf dem Platz, wo dann St. Stephan vor der Stadt stand. Alsdann richtete Decius sie als Gotteslästerer und dem Römischen Reich Ungehorsame hin. Ihre Köpfe ließ er abschlagen, dort, wo dann die Wasserkirche in der Limmat stand. Doch nun erhöhte Gott seine Gesegneten. Die Enthaupteten nahmen ihre Köpfe auf und trugen sie vierzig Ellenbogen hoch – das Großmünster stand später dort oben –, legten sich zueinander ins Grab. Karl der Große fand sie dort auf.

Noch die letzte Version der Legende läßt ahnen, wie gut die Reformatoren in Zürich ihre Stadtheiligen hätten nutzen können. Sie glaubten nicht allein an Gott, den Schöpfer und den Barmherzigen, und bekannten ihren Glauben standhaft gegen die römischen Christenverfolger. Felix und Regula sprachen auch mit den Worten der Bibel. Als Felix die Verfolger sah, zitierte er den 2. Vers des 6. Kapitels des 2. Korintherbriefes: »Jetzt ist die angenehme Zeit, der Tag des Heils.« Dem Decius riefen sie mit Hebräer 13,6 zu: »Der Herr ist mein Helfer und ich will mich nicht fürchten, was sollte mir ein Mensch tun?« Und sie hörten das, was nach Matthäus 25,34 Christus zu den Erlösten sagen würde: »Kommt her, ihr Gesegneten meines Vaters, ererbet das Reich, das euch von Anbeginn der Welt bereitet ist.«

4

1519 hielten viele den Leutpriester Zwingli für so lutherisch, daß sie ihm zutrauten, er, nicht Luther, habe die Auslegung des Vaterunsers geschrieben. Schon damals predigte er gegen die Anbetung der Heiligen. Zur Tat jedoch schritten Bürger. In der St.-Peters-Kirche, dort predigte Leo Jud, hatte ein Bürger im September 1524, als er um drei Uhr nachts zur Mette ging, ein »wildes Gerümpel« gesehen: abgerissene Altartafeln, Urkunden und Skulpturen durcheinander. Der Rat untersuchte gründlich. Am 13. September, dem Sonntag nach Felix und Regula, so stellte sich heraus, waren Lorenz Hochrütiner und Wolfgang Iniger, ein Tischler, und ein Unbekannter über die Brücke zum Fraumünster gelaufen. Sie lasen in einem »Büchlein«, traten in die Nikolauskapelle, der Zeuge, Uoli Richiner, schlich ihnen nach. Hochrütiner und Iniger rissen die Ampel vor dem Predigtstuhl ab, warfen sie unter die Kanzel, so daß sie zerbrach und das Öl auslief. Dann nahmen sie Weihwasser und besprengten sich gegenseitig. Sie sagten, dann auch zu ihm, Richiner, sie wollten sich beschwören. Das Weihen mit Wasser als magische Handlung hatte verspielt. Uoli stellte sie zur Rede: Die Ampel sei ein ewiges Licht. Sie sollten das, woran andere Leute glaubten, nicht antasten. Hochrütiner entgegnete: Er sei doch lange zur Schule gegangen, ob er denn nicht wisse, daß es nur Abgötterei sei?

Im gleichen Herbst war ein Kruzifix vor den Toren ausgegraben und umgeworfen worden. Der Rädelsführer dieser »Götzenstürmer«, der Schuster Klaus Hottinger, machte geltend, Kruzifixe seien wie andere Bilder von Gott verboten. Das Holz wolle er verkaufen, das Geld armen Leuten schenken. Er leugnete auch nicht, daß es richtig sei, was Leute von ihm sagten: daß er nämlich dem Rat oder den Armen im Spital einen Eimer Wein stiften wolle, wenn man ihm erlaubte, eine Axt zu nehmen und die Bilder in der Wasserkirche zu Scheitholz zu machen. Der Eiferer hatte sich bei Ratsherren rückversichert. Die ließen ihn im Stich, als der Zürcher Rat ihn gefangensetzte. Dabei waren wieder Lorenz Hochrütiner, auch ein Hans Ockenfuß.

So anstößig handelten auch andere Aktivisten: In Höngg, einem Dorf nahe der Stadt, wollten viele der Predigt eines Mönchs aus Schwaben folgen, der die Gemeinde aufforderte, die Bilder aus der Kirche zu räumen. Ungeschlacht lautete das aus dem Munde des Thomas Großmann so: Die Bilder sind Kot und Dreck.

Leo Jud, Prädikant an St. Peter, predigte gegen die Götzen. Gott verbot, Bilder anzubeten, da Fürbitte der Heiligen nichts galt, wie es die Bibel im Alten und im Neuen Testament lehrte. Gott allein soll im Herzen der Menschen geehrt und angebetet werden, daß sich jedermann von den Götzen ganz und gar zum lebenden wahren Gott bekehre – das waren die Argumente, die gegen die Bilder stachen. Auch abmildernde Meinungen halfen nichts. Ludwig Hätzer führte sie in einem »Büchlein«, einer von Froschauer im Herbst 1524 gedruckten Flugschrift, vor: Wir ehren nicht die Bilder, sondern die Heiligen, die sie darstellen. Warum sollen wir denn keine Kruzifixe haben? Die Bilder sind die Laienbücher. Und: Sie reizen die Menschen zur Andacht und Besserung des Lebens. Seine Antworten: Gott ist ein Eiferer, er duldet nicht, daß wir gemachten Gegenständen anhängen. Es gibt nichts Heiliges außer ihm und seinem Wort, keine Gegenstände oder Orte sind als heilige ausgesondert. Gott will nicht, daß wir bei Kreaturen Hilfe und Trost suchen. Er allein ist unser Vater. Auch Christus sollen wir nicht »im Fleisch« erkennen. Du kannst nicht aus dem »Buch der Laien« entnehmen, was Gott verworfen hat. Frömmer können dich alle Bilder auf Erden nicht machen. Christus allein ist der Weg (Johannes 14). Weil Gott straft, wenn man das tut, was er verboten hat, daher ab mit den Götzen. Wenn du hier auf Erden einen Tempel verzieren willst, so schenke den Armen. Denn dies war die neue Orientierung, so wie es 1524 und 1525 auf Titelblättern von Zwinglischen Flugschriften abgebildet war: Christus wandte sich den Armen zu: »Kommt her zu mir alle, die da arbeiten und beladen sind, ich will euch Ruhe machen« (Matthäus 11). Der Erlös des Korns, der allein für das Wachs für die Kerzen ausgegeben wurde, die vor den Bildern im Großmünster brannten, kostete den Lohn eines Meisters von 74 Tagen, haben Historiker ausgerechnet. Eine Flugschrift reimte das so:

WElche vrsach gebind ze ufrůren / welches die waren vfrůrer sygind / vnd wie man zů Cristlicher einigheit vnd fryden kom̄en möge / durch Huldrych Zuinglin zů Zürich. ꝛc.

Lisz bis ans End vnd ermisz
nit allein wie ruch / sunder wie
waar es sye.

Christus Matth. xj.
Kum̄end zů mir alle die arbeytend vnd beladen
sind / vnd ich wil üch růw geben.

Hast du verbrannt viel Öl und Anken (Butter),
drum haben dir Mäuse und Ratten zu danken.
Die haben nachts desto besser gesehen,
wär's besser, es wäre nicht geschehen.
Hättest du Öl und Anken gegeben
den Armen, das wär' gleichviel eben.
So hätten sie damit geschmelzt ihre Suppe,
sonst schmiert der Sigrist dazu seine Juppe
und zündet den Götzen durch die Nacht,
denn einer den andern anlacht.
Das freut, sei sicher, den Heiligen wohl,
die sehen nichts, sind hinten hohl...

Widerspruch dagegen, deutlich und die Aktion hinhaltend, kam von unten wie von oben. Thomas Kleinbrötli sagte nach einer Predigt Leo Juds: Der Löw will die Götzen mit der Axt von den Altären schlagen, dann will ich sie auf der andern Seite wieder aufschlagen. Er soll in Teufels Namen nach Straßburg gehen und dort Bilder zerschlagen. Und er wünschte ihm das kalte Fieber an den Hals. Zu Simon Zimmermann: Glaube nur der Schrift und deinem Abgott, dem Zwingli. »Man kann auch Lügen schreiben, ich will dieser Schrift nicht glauben und dennoch ein Christ sein.« Die Bilder gemacht haben, sind frömmer gewesen als die, die sie heraustun wollen. Und Zwingli, der hat nur viel Unruhe gemacht, man sei vordem besser einig gewesen als jetzt bei dem Predigen. Das seien »Lügenpredigten«.

5.

Gerold Edlibach, 1524 der älteste Züricher Ratsherr, 1454 geboren, stellte 1526 zum Jahr 1524 die Neuerungen zusammen: Zuerst schafft man die Gesänge bei der Mette und den Ämtern ab, die doch zuvor, Gott und der Maria zu Lob, in Zürich und der ganzen Christenheit gehalten wurden, die Marienfeste, Mariä Lichtmeß und Verkündigung, begeht man nicht mehr. Die Prozessionen, die auf den Lindenhof, zu den vier Fasten und an Fronleichnam, »alls abgetan«, so die Bilder. Die Priester heiraten, wie Mönche und Nonnen aus den Konventen austreten, einander zu Mann und Frau nehmen, die Tonsur verwachsen lassen und wie Laien Schwerter tragen: »Und es ging wild in aller Welt zu bei geistlichen und weltlichen Leuten.« Abgängig sind auch Beichten, Früh- und Seelmessen, das Läuten bei Begräbnissen, die Messe ist verachtet, man redet grob über sie, wenige Priester lesen noch Messe – man tauft in deutscher Sprache, ohne Chrisam und Taufkerzen, nimmt kein gesegnetes Salz und Weihwasser mehr. Fasten bricht man, »als ob das keine Sünde sei«, die Ampeln entfernt man aus den Kirchen, nur wenige werden mit der letzten Ölung vor dem Tod versehen. Nur weniges blieb in diesem Negativkatalog für das folgende Jahr: Männer- und Frauenkonvente zusammengelegt, nur noch eine letzte Messe gelesen, die Grabsteine von allen Kirchhöfen wie das Chorherrengestühl aus dem Großmünster entfernt. Und nun schließt man die Gräber von Felix und Regula. Dies war die Perspektive eines frommen alten Laien, der in den kirchlichen Traditionen gelebt hatte, aber schon 1487 eine deutsche Bibel kaufte. Gerold Edlibach blieb bis 1527 Spitalpfleger.

Die Alten mußten vor den Jungen den Mund halten, resümierte wenig später Hans Edlibach, ein Sohn des Gerold. Die Liste der Traditionsbrüche führt er auf, ohne sie kritisch zu kommentieren. Daran hing nicht sein Herz. Zwingli predigte zuerst noch recht, doch Gott hätte einen friedliebenderen Mann als ihn schicken können. Solange es nur gegen die Priester, hoch und niedrig, ging, ihren Götzendienst, ihre Habgier und ihren Betrug, war die neue verkehrte Lehre gerechtfertigt. Nicht den Abfall von der römischen Kirche, sondern die Folgen der reformatorischen Predigt für die herrschende Ordnung sah Hans Edlibach kritisch. »Einige weise Leute sagten: Luther und Zwingli, das wird uns etwas bedeuten. Als auch geschah.« Viele Hoffärtige, übermütiges, streitiges und habgieriges Volk, hingen Zwingli an. Sie heuchelten, daß sie der Eifer Gottes treibe. Sie liefen in alle Predigten, schrien auf den Gassen immer vom Reich Gottes. Wer schrie und heuchelte, galt als fromm, einen Profit konnte man dabei immer machen. »Die Fremden galten mehr als die alten Familien.« In Zürich herrscht Uneinigkeit, Zank und Disputieren folgt 1525, als der »Tisch Gottes«, das neue Abendmahl, eingerichtet wird. Die Priesterehe, so sah sein scharfer politischer Blick, reizte das »gemein arm Völklein«, dem Gotteswort nachzulaufen, auch einige Reiche. Denn es gab neue Ämter, die Stadtkirche wurde ja nun selbst verwaltet, »auch muß man besorgen, daß einige das wohl genützt haben.« Dabei haben Eigennutz, Sozialneid, Antipathie und »junger Rat« viel zuwege gebracht. Die Pfaffen hetzten die Eidgenossen im 1. Kappeler Krieg 1529 gegeneinander. Wer für Frieden sprach, wurde als Altgläubiger verleumdet, wer zu Frieden und Ruhe in der Eidgenossenschaft riet, als gottlos verschrien. Man schrie auf den Kanzeln aus, wenn einer etwas gegen die Prediger sagte oder tat: »Der größte Schreier galt als redlicher evangelischer Mann«, auch wenn er die Ehe brach, trank oder spielte, nur »Ja, Herr!, Gnade, mein Herr!« sagte. War man nicht so submissiv und redete den Predigern etwas drein, war man ein Bube. Zuwider war Hans Edlibach, daß die Prediger sich unmittelbar an die Öffentlichkeit wenden konnten: »Es durfte aber niemand etwas reden, oder man hatte Widerwärtiges zu erwarten.« Die alte politische Ordnung war pervertiert: »Dazu springen die Stühle auf die Bank, und die Bänke auf den Tisch.« Die kleinen Aufsteiger waren dem Aristokraten zuwider.

Mit dieser Meinung stand Hans Edlibach nicht allein. 1522 befürchtete der Züricher Junker Cornel Schultheiß, daß die Eidgenossen uns bei den Pfaffen noch feindlicher werden. Der Pfaffe Zwingli wäre auch besser anderswo als in Zürich. Der Glarner Fridolin Bäldi war derselben Ansicht: »Man fing viel Neues an, und es ward große Zwietracht zwischen den Eidgenossen und den Zürichern.« Thomas Kleinbrötli sah eher die Züricher Unruhe. Die Herrschaft des Leutpriesters in der Zürcher Öffentlichkeit stellten die Schmachlieder heraus:

»Der Zwingli, der ist Roth (= Rat),
und wären die von Zürich nicht,
er käm' in große Noth.«

Oder die Variante:

»der Zwingli, der ist Rot,
und wären die von Zürich nicht,
er müßte gehn um Brot.«

Und die weitere:

»Der Zwingli und sein Rott
Sind heilig vor Gott,
Wie Judas, der Zwölfbott (= Apostel).
Der war ein Verräter und ein Dieb,
Geh hin und hab den Zwingli lieb.«

6.

Klaus Hottinger war vom Züricher Rat am 4. November 1523 auf zwei Jahre ausgewiesen. Er zog in der Nordschweiz in der Grafschaft Baden herum. Nicht allein sein Ruf eilte ihm voraus, er bekannte auch überall, in den Wirtshäusern und wo er sich aufhielt, frei den »wahren Glauben«. Aus Waldshut zurückkommend, fing man ihn im Februar 1524. Zu Gericht saß ein Züricher Junker, Hans Grebel, der Vogt des Bischofs von Konstanz in Klingnau war. Landvogt in Baden war ein Luzerner, Heinrich von Fleckenstein. Alle Zeugen sagten aus, daß Hottinger gegen den Betrug der Priester, die Seelenmörder, die Messe und Bilder geredet hatte, er las auch aus »Büchlein« vor. Eine ledige Frau fragte er: Glaubt ihr an die Heiligen? Als sie bejahte, schimpfte er sie böser als eine Hure, nämlich eine Götzenhure. Er bekannte sich dazu, wiewohl er meinte, man habe seine Reden oft vergröbert – schon in Zürich sagten mehrere Zeugen aus, Hottinger habe geäußert, ihm sei es, wenn ein Pfaffe zum Altar beten gehe, wie ein Bauer, der hinter den Busch scheißen laufe. Nun brachte der Landvogt ihn vor die Tagsatzung der Eidgenossenschaft, die ihn zum Tod durch Enthauptung verurteilte. Bei der Urteilsverkündung begann Hottinger, von Gott und der Erlösung durch Christus zu reden. Die Amman von Uri und der Luzerner Vogt benahmen sich wie zynische Wüteriche: Man könne kein Geschwätz brauchen, ab mit ihm, und der letztere: »Einmal muß ihm sein Kopf ab, wächst er ihm wieder nach, wollen wir auch seinen Glauben annehmen.« Ein Mönch hielt ihm ein Kruzifix vor. Hottinger weigerte sich, es in die Hand zu nehmen: Das Leiden Christi sei größer, als man es so »verbilde«, man müsse es im wahren Glauben im Herzen annehmen. Nicht das hölzerne Kreuz macht selig, sondern Christi Tod und Leiden. Zu weinenden Umstehenden predigte er ebenfalls: Weint über euch, nicht über mich, denn ich gehe aus dem Elend in die ewige Seligkeit. Der Glaube, so noch auf der Richtstätte, ist die rechte göttliche Wahrheit, auf die will ich tröstlich sterben. In deine Hände, o mein Herr und Erlöser Jesus Christus, befehle ich meine Seele. »Erbarm dich meiner und nimm meine Seele auf.«

Das war, kommentierte Bullinger, der erste Mann, der wegen der evangelischen Lehre in der Eidgenossenschaft getötet wurde, er war ein Märtyrer Christi. Sein seliger Tod führte viele zur göttlichen Wahrheit. »Wie denn je und je der Tod der Auserwählten Gottes seine Frucht mit sich gebracht hat.«

Die Heirat des Priesters: Jakob Griesbüttel

1.

Am Mittwoch, dem 26. August 1523, spielte sich in einem Augsburger Wirtshaus diese Szene ab: Ein Priester heiratete. Er hatte den Rat der Stadt Augsburg ersucht, mit seiner Braut zur Kirche gehen zu können. Das hatte dieser abgeschlagen. So machte der Priester an einem anderen Ort öffentlich, daß er eine Frau zur Ehe nahm. Leider können wir, so sagte er in seiner Rede an seine Braut Anna, nicht in einen Tempel gehen, der aus Holz oder Stein gebaut ist, um unsere Ehe zu bezeugen. Der öffentliche Kirchgang bei Eingehen der Ehe sei ohnedies nur Pomp und ein Brauch, eine erfundene päpstliche Zeremonie. Sie bringt nur der Kirche Einkünfte. In der Heiligen Schrift ist das nicht begründet. Es ist auch unnötig, wenn man nur weiß, daß man die Gnade Gottes für die Ehe hat.

Gerade als Priester legte Jakob Griesbüttel Wert darauf, daß bereits vollzogene Zusammenleben mit einer Frau durch eine »Eheschließung« nochmals öffentlich zu beglaubigen. Er wandte sich mit den Worten an seine »Braut«: sie wisse gut, daß er sie vordem vor einigen ehrbaren Leuten zu der Ehe genommen habe, desgleichen sie ihn und ebenso freiwillig.

Und dies nun öffentlich bekanntzumachen, hielten sie das Frühstück (Morgenmahl) in dem Wirtshaus. Es wurde ihnen gestiftet. 32 Gäste waren zugegen. Darunter ein anderer Priester, der auch mit einer Frau zusammenlebte. Die kurze Schrift, die von dem »Kirchgang« ins Wirtshaus berichtete, sprach das so an: sie sei seine Ehewirtin. Doch hatte dieser Priester keine Hochzeit gehalten.

Die Traurede hielt nun eben dieser ungenannte, verheiratete Priester: Die Gäste sollten Zeugen sein, um Gottes heiliges Wort und Evangelium zu schützen, um des Lobes Gottes und brüderlicher Liebe willen. Die Brautleute und Gäste bekannten sich zum »Evangelium«.

Nach der Ansprache stand der Bräutigam auf, man führte die Braut in die Stube im Hochzeitskleid. Jakob Griesbüttel sprach sie an, wie oben ausgeführt. Den Zweck der öffentlichen Eheschließung bezeichnete er so: Wenn wir durch die Fügung Gottes Kinder haben, soll niemand sagen können, sie seien außereheliche Pfaffenkinder. Und er fuhr fort: Begehrst du mich nochmals »lauter vmb gottes willen« zur Ehe, so gib mir die Hand und sprich: Ja. Dies tat sie und fragte nun ihn: Begehrt ihr mich auch so lauter und um Gottes willen zur heiligen Ehe? Worauf der Bräutigam »Ja« sprach. Diese für einen Geistlichen dieser Zeit so ungewöhnliche Zeremonie beendeten die Zeugen, die gemeinsam sprachen: »Der Friede des Herrn sei zu aller Zeit mit euch und gebe euch viel Glück.« Die Braut trat ab, »da fieng man an zuo essen.« Schließlich verabschiedeten sich Gäste und Zeugen vom Bräutigam.

2.

Wilhelm Röubli, der von Rottenburg am Neckar stammte und aus Basel vertrieben wurde, weil er bei einer Prozession eine Bibel trug und am Spanferkelessen teilnahm, heiratete 1523 eine Halbwaise, Adelheid Leeman aus Hirslanden, eine hübsche, ehrbare Frau. Am 28. April 1523 ging er in Wytikon mit ihr zur Kirche, Mutter, Brüder, Verwandte und 51 Personen waren dabei. Der befreundete Pfarrer von Schwerzenbach hielt die Predigt und lobte dieses schriftgemäße Tun. Die Braut trug die Hochzeitskleider einer Jungfrau. Das Mahl hielt man in einem Obstgarten, alle Bäume standen in Blüte. Der Chronist, Bernhard Wyss, und der Großmünsterchorherr, Heinrich Utinger, waren dabei, mit weiteren 18 Mann aus der Stadt Zürich.

3.

Sigmund Mack, Pfarrer von Seefelden am Nordufer des Bodensees, hatte wie üblich eine Magd. Sie stammte vom Dorf. Eines Tages entwich sie nach Konstanz. Weil sie Silber, 8 Be-

Der Ehelich standt von Got mit ge-
benedeyung auffgesetzt/ soll vmb schwärhait
wegen der seltzamen gaben der Junck-
frawschafft yederman frey sein/
vñ niemãt verboten werdẽ.

Genesis am.1.vnd.9.
Seyt fruchtbar vnd meret euch/vnd erfüllet das Erdtrich.

cher, 21 Löffel und ein Messer, hatte mitgehen lassen, befürchtete sie, der Mack könne sie vor dem Stadtgericht belangen. Im Januar 1522 rief sie den Rat um Recht an, er habe sie vergewaltigt. Sie hinterlegte dabei die Becher.

Agnes Schumacher aus der Gegend von Ehingen, die nur 8 Becher und 9 Löffel gestohlen haben wollte, berichtete beim Verhör, der Geistliche habe ihr die Ehe versprochen. Sie höre ja, Luther predigte, daß Pfaffen heiraten können. Dann zeigte er Geld. Beides bestritt der Pfarrer, wegen des Eheversprechens aber sei nicht das städtische Gericht, sondern das bischöfliche zuständig. Er habe es dem Bischof auch schon angezeigt. Als Rechtsbeistand war ihm Dr. Wolfgang Mangolt beigegeben.

Agnes war, so hatte sie dem Priester gestanden, keine Jungfrau mehr. Einen ledigen Gesellen hatte sie gehabt, der war gestorben, bevor sie zur Kirche gehen konnten. Das schadet nichts, meinte Mack. Aber ihre erste Version der Untat, er habe sie mit gelehrten Worten und Gewalt in eine Kammer gesperrt und sie defloriert, mußte sie revidieren: Als er sie zwingen wollte, da schrie sie. Danach kam noch heraus, daß sie mit dem ledigen Gesellen einen Mönch meinte. Schon dem hatte sie mitgeteilt, sie sei keine Jungfrau mehr. Auch er reagierte positiv: »Sy syg Im nun dest lieber.«

Das Gericht sollte das Alter des Priesters berücksichtigen. Er sei verständig genug, zu alt, um jemand zu notzüchtigen. Und Luthers Meinung sei hier noch nicht eingeführt, sie sei den Geistlichen eher eine große Plage.

Die Magd bestritt, daß der Pfarrer nun keusch lebte. Man solle sich erkundigen in Romanshorn, Ravensburg und Leutkirch. Sieben Kinder »und Jedem sin aigen mutter« habe er. Seit vier Jahren habe er keine Konkubine mehr gehabt, er sei kein Kurtisan, kein Schürzenjäger. Freilich ein Mensch, der fehlbar ist, wie schon Paulus sagte.

Der Konstanzer Rat brachte einen außergerichtlichen Vergleich zustande. Von dem Silber waren 5 Becher und 9 Löffel noch nicht verkauft, Agnes erstattete sie zurück. Sigmund Mack gab ihr 4 Gulden. Vorbehalten war eine Zahlung wegen

Schwangerschaft, »nachdem sy In sorgen stat, sy gienge mit aim kind by Im«.

4.

Im Jahre 1534 gebot der Esslinger Rat dem Pfarrverweser der Pfarrei Vaihingen, die dem Esslinger Spital unterstand, entweder seine Magd zu heiraten oder aus der Pfarre abzuziehen. Am 2. 12. 1534, drei Tage, nachdem der Vaihinger Schultheiß ihm dies ausgerichtet hatte, stellte der Pfarrverweser schriftlich dem Rat seine Notlage dar. Die Magd sei alt und schwach, »das ich gantz kein lost der Ee halb zu ir hab«. Sie habe ihm viele Jahre gedient, er lasse sie kochen und spülen wie andere Dienstmägde. Die Gemeinde habe keine Anstände, denn die Magd habe oft den Kranken und Armen geholfen. Er selbst sei arm, so arm, daß er der Magd, der er viel von ihren Lohn schulde, nichts bezahlen könne. Wenn er sich als verheirateter Priester einmal aus Vaihingen wegbewerben wolle, werde man in andernorts, »da der gebrauch noch nit«, nicht annehmen. Ihn jetzt im Winter auszuweisen, das mache man mit keinem Hund. Er wisse auch nicht, wohin er gehen solle. Zudem sei sein Gehalt noch nicht ausbezahlt. Man lasse ihn in dem Haus, bis er anderswo Unterschlupf finden könne. Wenn aber der Rat ihn mit einer Pfründe versehen wolle, »damit ich mein leben lang versehen sy«, wolle er, »wiewol ungern«, seine Magd heiraten.

Bernhard Riet aus Tailfingen, der die Pfarrei Vaihingen für einen absenten Pfarrer versah, zeigte keinen Eifer: weder alt- noch neugläubigen. Für ihn war die Sache – die prinzipiell reformatorisch begründete Forderung, eine Ehe einzugehen – eine Frage des Überlebens. Er wollte nur versorgt sein. Wenn dies angemessen geschah, wollte er sogar das Opfer bringen, mit seiner alten und schwachen Magd in den Stand der Ehe zu treten. Trotz fehlender Überzeugung konnte er darauf verweisen, daß die Gemeinde mit ihm so zufrieden war. Er half den Kranken und seiner Magd, die dasselbe tat. Die Konfliktsituation wurde also von außen und oben an ihn herangetragen.

5.

Wie verhielten sich die geistlichen Frauen, die Nonnen? Auch von ihnen wurde ja Enthaltung von Sexualität gefordert. Der Fall der Katharina von Bora ist bekannt, ebenso die Emanzipation der unterdrückten Nonnen in die Rolle der Frau und Mutter, die Flucht aus dem Gefängnis des Konvents.

Ein unbekannter Fall ergibt sich, wenn man den Lebenslauf einer Nonne des Klosters Feldbach im Thurgau rekonstruiert. Einen Teil ihrer Geschichte deckte der katholische Kirchenhistoriker Oskar Vasella auf, als er der Geschichte des Bischofs von Chur, Paul Ziegler, nachging. 1508 erließ der Bischof acht Mandate, um den Klerus zu reformieren. »Allein wie stand es mit der persönlichen Lebensführung des Bischofs selbst? Lange Zeit war hierüber überhaupt nichts bekannt.« Da tauchte in einem Rechnungsbuch eine Notiz auf, nach welcher der Hofschneider ein Mieder und einen Rock für »m.G.H. töchterli Emerita« anfertigte. Der gut bünderische Vorname Emerita beweist, daß dem Oberhirten sein Töchterchen nach der Übernahme der Leitung des Bistums geboren wurde. Bedenklicher erschien dann die Nachricht des Konstanzer Chronisten Gregor Mangolt, wonach eine Nonne des Zisterzienserinnenklosters Feldbach, nämlich die Base des Chronisten, Agathe, von Bischof Paul anläßlich eines Klosterbesuchs »ein Kind empfangen hatte«. Der Quellentext lautet: »Als sy (Agathe Mangolt) aber ein zytlang zu Veldpach was, kam dahin der bischoff von Chur, mit dem übersach sy sich und gebar ein kind.« Die Schuld am Bruch des Gelübdes wird der Nonne angelastet. Der Bischof ist nicht schuldig gesprochen: Sie beging die Übertretung, sie vergaß sich. Ob sie die Mutter der Emerita war, steht dahin.

Auch für Protestanten wird Agathe kaum von Schuld rein gewaschen, wenn man die weitere Geschichte kennt, die Vasella nicht aufdeckte: Am 7. März 1525 heiratete sie den evangelischen Prädikanten in Konstanz, Johannes Wanner. Dieser starb schon 1527, zwei Jahre danach. Weitere anderthalb Jahre später, am 3. Februar 1529, wurde die Witwe Agathe aus der Stadt, in der ihr Mann tätig gewesen war und in der auch ihre Familie wohnte, wegen Hurerei ausgewiesen. Sie fand Ruhe bei einem württembergischen Prädikanten, heißt es, »by dem starb sy«.

Vielleicht heiratete Wanner die ledige Mutter mit einem Kind des Bischofs aus Barmherzigkeit, vielleicht kann man auch Attraktivität unterstellen, die einen Bischof, einen evangelischen Prädikanten und einen württembergischen Pfarrer hinlänglich erschienen sein mochte. Offen bleibt in jedem Fall, was die Nonne aus guter Familie, den Mangolts, nach ihrem ersten Fall bewegte, vielleicht half die Familie nach. Jedenfalls vermochte Agathe, die Nonne, nach ihrem Fall der gelobten sexuellen Askese nicht dauerhaft zu leben. Nach dem Tod Johannes Wanners mochte es ihr lediglich um Versorgung gegangen sein: Unbestreitbar bleibt freilich, daß sie Kleriker bevorzugte.

6.

In Nördlingen heiratete der Prediger des Rates, Theobald Billikan, schon im Jahre 1524. Wie stellten sich Laien dazu?

Billikan hatte eine gutbürgerliche Ehe geschlossen: Seine Frau stammte aus einer Handelsfamilie. Er wohnte mit ihr zusammen – eine förmliche oder gar kirchliche Eheschließung ist nicht überliefert. Aber dies kann ein Zufall sein. Bekannt ist jedoch eine Unterhaltung, die zwei Bürger vor seinem Haus führten. Sie liefen Nachtwache. Einer war ein ehemaliger Student der Universität Heidelberg, der in seines Vaters Weberei zurückkehrte, ohne den Kursus ganz durchlaufen zu haben, ein Studienabbrecher. Hans Trummer wollte, auch bei der Nachtwache wie andermal angetrunken, mit dem Geistlichen disputieren. Aber sein Rufen vor dem Haus blieb vergeblich. Er meinte dann: Ich glaube, der Prediger nimmt sein Weib – er schläft ihr bei. Sein Begleiter kommentierte: Er habe es Macht – das darf er wohl. Ihn störte die Heirat des Klerikers nicht. Und Trummer pflichtete ihm bei: Es ist nicht anders als bei Salomo, der 400 Frauen hatte und dennoch selig wurde. Auch David habe Orienus an den Spieß gesteckt und danach dessen Frau Bathseba genommen.

Die Ambivalenz der Bewertung ist augenfällig. Die biblische Geschichte war dem Trummer immerhin so gut bekannt, daß er dem Schriftprinzip gemäß die Vielweiberei des frommen Salomo und den Mord an dem rechtmäßigen Ehemann durch den Psalmisten-König David als Exempel heranzitieren konnte.

Wir unterstellen dabei, daß er die Vergleiche nicht zu Lasten des verheirateten Billikan anstellte, dafür spricht nichts. Trummer verhielt sich auch in anderen Fällen nicht hintersinnig. Aber die exzessive Abweichung von der gewohnten Regel, daß Geistliche unverheiratet bleiben sollten, wird doch in diesen Exempla vermerkt. Gewöhnt war man trotz der Billigung durch die Laien noch nicht an solche Ehen. Die traditionelle Erwartung war in dieser Begründung aus der Schrift noch gegenwärtig: In Nördlingen jedenfalls hatte man einen Mönch, den ersten Reformator in der Stadt, kurz zuvor noch ausgewiesen, als er eine Ehe einging. Und noch einige Jahre danach vermerkte es der Stadtschreiber, wenn eine evangelische Pfarrfrau die einstige Köchin des Geistlichen gewesen war: Bürgerliche Wohlanständigkeit wurde favorisiert.

Die Heirat der Nonne: Ursula Toplerin

1.

Ungefähr 20 km östlich von Nürnberg, jenseits des Lorenzer Walds, lag das Nonnenkloster Engelthal. Fränkische Adlige und Nürnberger vornehme Familien ließen in ihm unverheiratete Töchter versorgen. So brachten auch die begüterten Patrizier Topler, mit vornehmen Ratsherren verwandt, Tochter Ursula im Kloster unter. Sie muß eine Reihe von Jahren erst im Katharinenkloster in Nürnberg, dann in diesem Dominikanerinnenkonvent als geistliche Frau gelebt haben. In der Frühzeit der Reformation schickten ihr Verwandte, vor allem ihre Schwester, die Frau des Andreas Tucher, reformatorische Schriften zu, denn Ursula konnte lesen und auch schreiben. Diesen entnahm sie, daß der geistliche Stand verdammt sei, der Ehestand aber zur Seligkeit führe.

Irgendwann kam sie mit dem Dominikanerpater Jobst Kern, dem Geistlichen für Engelthal, in näheren Kontakt. Auch dieser wollte den Orden verlassen. Da bat sie, auch ihr herauszuhelfen. Die beiden versprachen sich die Ehe – dies gab die Nonne später noch zu. Sie kam freiwillig in die Welt zurück. Doch als sie zu zweifeln anfing, ob dieser Schritt recht gewesen war, machte ihr die Verwandtschaft klar, sie könne nun nicht mehr zurück: man werde sie nicht mehr ins Kloster aufnehmen.

Die Aussagen des Jobst Kern, der die Geschichte verständlicherweise mit einer anderen Absicht vortrug, lassen die Frau, die wohl schon älter und leidend war, hin und her schwanken: er sei in Wittenberg gewesen, als sie sowie Verwandte seiner späteren Frau, Kaspar Nützel, ein ganz ranghoher Herr des Rates, und Hektor Pomer, der Propst von Sankt Lorenz, ihm schrieben: er solle nach Nürnberg kommen, sie wolle heraus aus dem gottlosen, elenden Leben. Aber als er dann in Nürnberg eintraf, sagte sie, sie wolle ihr Leben im Kloster beschließen! So zog er wieder nach Wittenberg.

Erst als er, aus anderen Gründen, einmal in Altdorf bei Nürnberg war, wurde die Verwandtschaft erneut tätig. Er sollte Ursula Topler heiraten. Bei Rückfragen fiel sie wieder um: Wenn sie ihn heirate, so sei sie des Teufels, meinte sie jetzt. Aber die Verwandten machten dann kurzen Prozeß: Dominikus Schleupner und Andreas Osiander, beides evangelische Geistliche, verheirateten Jobst Kern am 4. 12. 1524 mit Ursula Topler, zwar nicht öffentlich durch Kirchgang, doch mit dem üblichen häuslichen Teil des Rituals, dem Beilager. Auch ein Gastmahl, die Wirtschaft, richteten die Verwandten aus. Ihre Sorge, es nicht zum Skandal einer Rückkehr nach Engelthal kommen zu lassen, ließ sie Ursula, nunmehr Ehefrau, aus der Stadt schaffen. Ein Empfehlungsschreiben an den Kurfürsten Friedrich den Weisen von Sachsen, den Landesherrn Luthers, erwirkte für den Geistlichen weit nördlich im Mitteldeutschen eine Pfarrei. Es war die durch Thomas Müntzer bekannte Pfarre Allstedt.

Die Eheschließung der Nonne mit dem Mönch, sie schwankend, doch gezwungen von der Familie, bestenfalls belehrungswillig, er – was konnte er außer Sicherheit durch Beihilfe der Verwandten erhoffen? – eigentlich wider vernünftige Überlegung, wurde nie voll und wirklich gelebt: Der Aussage Ursulas, Geschlechtsverkehr habe sie nie gewollt, widersprach Jobst Kern nicht. Der Verwandtschaft war spätestens nach der Rückkehr des Ex-Mönchs aus Sachsen klar, daß nur Gewalt helfen konnte. Denn inzwischen hatte die Priorin geschrieben: man wolle die entsprungene Nonne wiederaufnehmen. Die Flucht nach vorn – in den Ehestand – könne wieder rückgängig gemacht werden, zumal, wie sie meinte, die Verbindung weder real noch daher rechtskräftig geschlossen war. Auch nachdem Jobst Kern mit dem neuen Amt heimgekehrt war, schlief Ursula nicht mit ihm. Dieser Verweigerung sollte nun ein Ende bereitet werden: Die Familie ließ den Mann seine eheliche Rolle ausüben und die Frau mit der Rute schlagen. Ursula trat auf dem Weg nach Allstedt an einem Ort demonstrativ in der Haartracht einer Nonne auf. Am Wirkungsort Müntzers befestigte sich ihre Auffassung, die neue

Lehre »sei das Euangelion des Teufels«. Tag und Nacht lag sie ihm in den Ohren, obwohl er doch darauf hinwies, mit Müntzer habe er nichts zu tun. Schließlich habe er sie, weil sie das Evangelium lästerte, nochmals geschlagen, »welchs ihm ihre Freund befohlen«. Sie lief ihm im Sommer 1525 davon, erst zu den Grafen von Mansfeld, die eben vom siegreichen Schlag gegen die Bauern zurückkehrten. Die brachten sie bei Friedrich von Witzleben unter – einem Erzfeind Müntzers.

Als die Bitten des Pfarrers zurückzukehren nichts nützten, die der Frau unerhört blieben, ihr Gewissen zu achten und ihre Kleider, Sachen und Bücher nachzusenden, kam es Anfang Januar 1526 zu einem vom Kurfürsten angesetzten gegenseitigen Verhör. Beide Parteien waren mit Argumenten und Schriftbeweisen wohlgerüstet. Die Frau verwies auf die ausgeübte Gewalt und darauf, daß er sie gezwungen habe, am Karfreitag einen Kalbskopf zu essen, aber auch deutlich auf ihr Gewissen. »Sie kanns nicht tun Bewerung halber ihres Gewissens«, protestierte sie, »die sie weisen, es sei kein ehelich Stand, denn ihre Seele sei ihr lieber denn der Leib und das zukünftige Leben besser dann das gegenwärtige, gedenkt deshalb nicht widder zu ihm.« Ihr erstes Nonnengelübde der Keuschheit hielt sie noch für verpflichtend. Dies Zusammenleben galt ihr wie das eines Buben mit einer Hure.

Jobst Kern machte sich dies zunutze: wenn dem so sei, dann wolle er nach dem Evangelium handeln. Das führte er in einer Bittschrift an den Kurfürsten Johann weiter: sie habe die Trennung vollzogen, gelte dann nicht 1. Korinther 7,15: »Si infidelis discedit, discedat etc.«, oder wie Luther übersetzte: »So aber der Vngleubige sich scheidet / so las jn sich scheiden / Es ist der Bruder oder die Schwester nicht gefangen in solchen fellen / Jm friede aber hat vns Gott beruffen.« Denn, so erkannte der Allstedter Schößer richtig, er saß dem Verhör vor, Jobst Kern strebte eine Wiederheirat an. Seine Frau hatte ihn schon des Ehebruchs mit Margarete, der Magd, verdächtigt. Diese war zwar nun verschwunden, aber wie würde die Gemeinde reagieren, gab der Schößer zu bedenken? Würde nicht Allstedt erneut ins Gerede kommen? Die Gemeinde sei nach Müntzer schon verwirrt genug.

Diesem Bedenken gab der Kurfürst eher nach als dem weiseren Rat des Martin Luther, der Ursula zunächst zurück zur Familie schicken wollte. Jetzt bei den Mansfeld und Witzleben habe sie keine Gelegenheit umzukehren. Dazu sei sie eine Frau, daher natürlich schwach. Erst wenn dieser Versuch nichts bewirkte, solle Kern sie fahrenlassen, ihres Willens zu leben. Der Pfarrer sei so dann frei, als sei sie gestorben. Luther erkannte eine Gewissensentscheidung gegen die Schrift nicht an: Die Freunde sollten versuchen, ob der Teufel der guten Vermahnung Gottes weiche. Dem Kurfürsten war die Allstedter Reputation wichtiger: Ursula sollte zum Pfarrer zurückkehren.

Dies geschah nicht. Die Visitation 1533 erwies, daß der Pfarrer so evangeliumsgemäß nicht leben konnte: nicht nur, weil er ein Zech- und Spielbruder sei, er trank täglich drei Birkenkannen – Ursula hatte schon von Drohungen in trunkenem Zustand gesprochen. Dementsprechend lebte er in jämmerlichen Verhältnissen: In seinem Haus fand man ganze drei Tische und drei Betten (!). Nun, 1533, wurde sein Gehalt auf 70 Gulden festgelegt. Dabei wurd seine Doppelehe vermerkt: Danach war Ursula Toplerin ins Nürnberger Kloster zurückgekehrt, und Kern lebte mit einer anderen Frau. Die Toplerin hatte ihren Willen durchgesetzt; denn wenn man die Ehe einer Nonne und eines Mönchs als Konkubinat ansah, bedurfte es einer Scheidung nicht. Kern aber wurde 1533 Superintendent, weil er eben einmal Pfarrer von Allstedt war.

2.

Kloster Engelthal war Mitte des 13. Jahrhunderts von Frauen aus Nürnberg gegründet, die aus freiem und frommem Willen ein armes und keusches Leben führen wollten. Es wurde reich durch Stiftungen. Schon die acht Schwestern, die 1243 den Konvent bildeten, besaßen 500 Morgen Feld, Wiesen und

Wald, 1312, nach 80 Jahren, waren es 175 Güter in 75 Orten. An jährlichen Abgaben nahmen sie ungefähr 500 l Korn, 400 l Hafer, etwa 3000 Käse, 1470 Eier, auch 382 Hühner ein. 1437 leisteten den Frauen 280 Bauern Abgaben aus den Erträgen ihrer Arbeit. Zwar war die Zahl der Nonnen zunächst beträchtlich gestiegen. 1312 lebten 75 zusammen. 1437 sank die Zahl auf 16. 1525 waren es 36, zwanzig mehr als zu Anfang des 16. Jahrhunderts. Einige scheinen erst in den zwanziger Jahren das Ordenskleid angenommen zu haben.

Denn Engelthal war ein Kloster geworden, in dem fränkische Adlige ihre Töchter standesgemäß unterbringen wollten. Dazu war es frei von Herrschaft geworden – nur Kaiser und Papst unterworfen. Die Adelstöchter herrschten wie die Männer. Sie wählten ihre Schwestern in die Ämter. Und sie lebten wie im Stift: Sie hatten für ihre Lebenszeit ein eigenes Einkommen. 1350 sind 50 Einzelpfründen festzustellen. Ihr Besitz fiel nach dem Tod an das Kloster. Daher die Bereicherung.

Zu Beginn des 16. Jahrhunderts lebten die Frauen »gotlich, erlich und billich« zusammen. Sie gingen zu den Horen, den Lese- und Singstunden bei Tag und Nacht, und zehnmal im Jahr zu Beichte und Kommunion. Die Frauen waren fromm, aber es waren nicht mehr geistbegabte und eingezogene Nonnen. Besitzlosigkeit, Fasten, Schweigen während der Mahlzeiten waren abgeschafft. Die Frauen hielten sich nicht an die Klausur. Sie gingen aus, wann sie wollten, »niemand will gerne gebunden und gefangen sein«.

Im Anfang war das anders. Im ersten Jahrhundert des gemeinsamen Lebens war Engelthal berühmt. Die Seelen der Nonnen waren der Welt gestorben. Ihre Körper schlugen sie selbst. Fast alle hatten Visionen. Zwei Schwestern, Christina Ebner und Adelheid Langmann, hatten hohe mystische Schauen. In ihnen erlebten sie Christus als Mann, der sie ansprach: Du bist mein, und ich bin dein. Der Gottessohn nannte sie seine Frau und Schwester und sein Kind, auch zucker- und honigsüß, wie eine Geliebte. Christina Ebner träumte einmal, sie sei schwanger von der Gnade und gebäre

Christus. Sie ging in den Speiseraum und rief: Freut euch alle mit mir, ich empfing Jesus und habe ihn nun geboren. Ein anderes Mal sagte sie: Wie Wachs und Siegel klebte der Herr an ihr.

Auch die besondere mystische Frömmigkeit der Anfangszeit machte den Konvent attraktiv. Für Stiftungen, auch für Laien, die dort leben wollten. Sie versorgten sich ins Kloster, wie die Nonnen oft untergebracht wurden. Die Lebensweise der vornehmen Gesellschaft des späten Mittelalters durchdrang das Leben im Kloster. Dies war nicht so sehr ein »Verfall« der Kirche, die dies duldete und nutzte, sondern die Kirche und die Gesellschaft gaben ihre Distanz auf, als das normale Leben ins Kloster drang.

Die vielen gestifteten Seelenmessen hielten die Nonnen nicht alle. Die Laien nahmen auch Anstoß an dem weltlichen Leben der Schwestern: Sie boten eher ein schlechtes Beispiel zum Sündigen als ein exemplarisch reines Leben. Männer konnten in den Konvent hineinkommen. Einige Frauen des Konvents hatten Kinder geboren. Ein Schreiber des Nürnberger Rates schrieb auf einen Brief über Engelthal, es solle »fudund zersthal« heißen.

Die Nonne Barbara Schleiffer – so kam heraus, als ihre Briefe ins Wasser fielen, weil die Botin unachtsam war – liebte den Prior der Nürnberger Dominikaner, Johann Heinlein. Sie nannte ihn ihren allerliebsten Buhlen und Schatz und Freude und Trost meines Herzens. Er solle sie nicht vergessen, wenn er verreise. »Ihr seid mein Trost und größte Freude auf Erden.« Der Prior wurde versetzt. Die Liebesbeziehung, die wohl mehr als nur eingebildet gewesen war, gestand er ein.

Engelthal, vor kurzem unter die Landesherrschaft der Reichsstadt Nürnberg gelangt, sollte nun einer »Reformation« unterworfen werden – so nannte man die Umgestaltung. Sie sollte die Frauen zum Einhalten der Ordensregeln zwingen. Die adlige Priorin bestand auf den Freiheitsrechten: Mit Nürnberg hatten sie nichts zu schaffen. Die Einsperrung war das mindeste, was sie befürchten mußte. Tatsächlich, als eine Visitation Ende 1512 stattfand, ordnete der leitende Prior aus Augsburg an, daß die Nonnen das Kloster nur in Todesnot verlassen und Außenstehende nicht hineindurften. Eltern und Geschwister sollten nur zweimal im Jahr zu Besuch kommen und auch Priester sofort nach der Kommunion das Konventgebäude verlassen. Ansonst ließ man ein auskömmliches Leben zu. Wein und Bier, zum Essen Suppe, Fleisch, Kraut und Rüben, abends auch Reis und Gerste, an Feiertagen drei Gemüse und zwei Fleischsorten, alle Schwestern die gleiche Portion. Wie die alte Priorin, so blieb das alte Leben. Gehässig nannte sie die Maßnahmen, die Nürnberger wollten das Gestiftete dem Adel entwenden. Sie wollten das Kloster mit ihren Kindern und Töchtern besetzen.

Das war richtig, und das mobilisierte den fränkischen Adel. Er werde nicht dulden, daß in Engelthal die Klausur eingeführt werde, schrieben hohe Adlige an die geistliche Behörde. Erst als der Ordensmeister der Dominikaner, Cajetan, und Papst Leo X. die Reform befahlen, war der Weg frei. Nürnberg plante sie gekonnt: Der Provinzial, der sie leitete, ging mit Truppen hin. Keine Nonne durfte entkommen, vor allem die Siegel waren sicherzustellen. Aus dem Katharinenkloster in Nürnberg sollten einige Schwestern versetzt werden, Ursula Topler war vermutlich dabei. Jedenfalls stellten sich Topler im 15. Jahrhundert in der Katharinenkirche in Epitaphien zur Schau. Die Güter des Klosters waren aufzuzeichnen, die Untertanen sollten dem Nürnberger Pfleger huldigen und so die Nürnberger Landesherrschaft anerkennen. Wahrscheinlich müßten einige Schwestern versetzt und auch eine neue Priorin müßte gewählt werden. Eine Besatzung sollte zurückbleiben. Schlösser, für den Notfall auch Ketten, waren bereitgestellt. Die Schwestern würden unwillig und ungestüm sein, rechnete man.

Die realistische Strategie war 1428 am Katharinenkloster erprobt worden: Einschleusen von Nonnen aus reformierten Konventen, St. Katharina hatte im 15. Jahrhundert mehrfach Schwestern an auswärtige Klöster abgegeben, Freistellen der Umsiedlung von reformunwilligen Nonnen. Nur auf militärische Gewalt hatte Nürnberg damals verzichtet. Nun anders:

Bewaffnete zogen auf, in ihrem Gefolge die zehn Nonnen aus dem Katharinenkloster. Die Priorin lehnte es ab, sie hereinzulassen. Da stürmte man. Der Provinzial der Dominikaner gab den Befehl zum Klostersturm. Die Auseinandersetzung war damit noch nicht zu Ende: Mit »unweiblichem« Streit und Klagen widersetzten sich die Nonnen. Einige riefen nur unzüchtige Beleidigungen, andere rissen den Nürnbergern die Waffen aus der Hand. Sie konnten ins Kapitelhaus gedrängt werden. Als der Provinzial die Reform dort anordnete, schrien die Frauen auf ihn ein, andere hielten ihre Ohren zu, um nichts zu hören. Also wurden der Priorin und drei Schwestern die Ketten angelegt. Alle Ämter wurden neu mit Katharinenschwestern besetzt. Obwohl die Nürnberger vorgaben, das Kloster solle allen Edlen und Nichtadligen, Bürgern und Bauern offenstehen, traten zunächst Nürnberger Töchter die Ämter an: eine Tucher, eine Brigitte Haller, eine Dürr und eine Zoplin. Den Alten gab man zwei Monate Bedenkzeit, sich zu fügen. Von den 13 Schwestern gaben zunächst nur vier nach, acht wollten ihre Verwandten fragen, eine lehnte ab. Man stellte jeder frei, in ein anderes Dominikanerkloster zu gehen.

Die gewaltsame Reform von 1513 hob die Freiheit der Frauen auf. Unabdingbar setzte der Nürnberger Rat fest, daß er als Schutz- und Schirmherr galt. Im folgenden Jahr lagerte er alle Urkunden in Nürnberg. Die Frauen konnten nicht mehr Herren ihrer Güter sein. Die Grundregeln: Gehorsam, Armut, Keuschheit, waren einzuhalten, die Gottesdienste fleißig und getreu zu halten. Es ist klar, worum es dem Rat ging: um die Einsperrung der Frauen zu einem frommen, jedoch nicht zu harten Leben und um seine Herrschaft.

Doch ein Jahrzehnt später ging es den Herren des Rates wirklich um Neuerung. Als der Rat evangelische Geistliche schickte, die predigten, daß das Nonnenleben Gott zuwider sei, weil allein Christi Tod selig mache, hörten die Nonnen nicht zu. Als er das Kloster schließen wollte, erwiesen sich gerade die neuen Schwestern aus Nürnberg als halsstarrig und widerspenstig. Zäh hielten sie nun an den Ordensregeln fest. Die Priorin gewordene Brigitte Haller beklagte sich beim Schwäbischen Bund. Nürnberg mußte die Sache herunterspielen. Der Bund solle sich nicht mit »alten Weibern« auseinandersetzen. Die kluge Priorin rettete den Konvent – wenigstens den Bestand, nicht dessen Zukunft. Einige Frauen waren ausgetreten, auch adlige. Ursula Topler wollte freilich wieder hinein. Neueintritte ließ Nürnberg nicht zu. Das Kloster starb aus: der übliche Trick. 1565 wurden Kloster und Gut an den Rat übergeben. Nicht die Reform, sie tat den ersten Schritt, sondern die Reformation hatte es möglich gemacht, nicht nur Herrschaft, auch Besitz anzueignen. Das war nun wider den Willen des Ordens. Weder Cajetan noch der Provinzial hatten zehn Jahre vor der Nürnberger Reformation wissen können, daß die Reform des Klosters durch Nürnberg nicht nur dessen Herrschaft sicherte, sondern auch das alte fromme Leben der Frauen zunichte machen konnte.

3.

»Liebe Tante, man hat mir berichtet, daß Du auf der ›Mönchshochzeit‹ der Ursula Toplerin warst und ihr einen Ring geschenkt hast«, schrieb nach der Heirat ihre ehemalige Mitschwester Susanne Stromer. »Ich kann nicht glauben, daß Dir diese ungöttlichen Hochzeiten gefallen, denn Du hast mir doch kürzlich geschrieben, wir sollten im Kloster bleiben, diese Leute seien von der Gesellschaft verachtet. Das scheint sich geändert zu haben, wenn man jetzt solche Abhilfe findet. Natürlich habt ihr jetzt so gottesfürchtige fromme Priester der neuen Lehre in eurer Stadt, die Menschengebote, des Papsts und der Kirche Gebote schmähen. Aber es ist doch etwas anderes, wenn ein Mönch eine Nonne, die vor dreißig Jahren ihr Gelübde vor Gott abgelegt hat, zur Frau nimmt. Die Toplerin hat wahrhaftig keinen Grund gehabt auszutreten, denn man ist sehr nachsichtig gewesen. Ihr Mönch und die lutherischen Bücher, die ihre Verwandten schickten, haben sie dazu gebracht. Hier im Kloster ist es nicht so schlimm, ich wollte nie heiraten. Ich bin vor Jahren auch eine fröhliche und gezwungene Nonne gewesen. Ich hätte mehr Grund im Elend gehabt als die alte Läppin Ursula. Aber jetzt hilft man denen sogar, daß sie ihr Zeug bekommen. So sieht manche einen Grund, die vordem nicht daran gedacht hat.

Liebste Tante, ich hoffe sehr, Du bleibst deinem Vorsatz treu und vergißt die armen Nonnen nicht. Gott findet die Seinen in allen Ständen, gute und böse überall. Das Gute soll man wegen des Bösen nicht austilgen. Gottes Strafe geht über die Geistlichen, ich hoffe, seine göttliche Güte wird sich zum Besten wenden.

Liebste Tante, die Mutter Priorin empfiehlt Dir ihr Gebet und einen freundlichen Gruß, auch die Subpriorin Kreß und unsere Tante Muffel. Sie sagte, wenn die Tante Kreß auch lutherisch ist, vielleicht schickt sie uns doch dies Jahr wieder Wachslichter. Ich glaube, die Hallerin schreibt ihrer Schwägerin selbst. Grüß mir hundertmal deine Tochter. Für jetzt befehle ich mich dem Schutz Gottes und deiner Liebe und Treue.

Liebste Tante, ich habe 30 Pfennige Schulden gemacht, darf ich Dich bitten, mir soviel Geld zu schicken? Ich habe sie meinen Schwestern zu Gotteszell gegeben, die es jedes Jahr sehr um mich verdienen.«

Engelthaler Nonnen stammten aus den Patrizierfamilien Nürnbergs. Die Kreß, die Haller und die Stromer, auch eine Tochter des Bildschnitzers Veit Stoß war dort. Die Äbtissin des Nürnberger Klarissenklosters, die gleich zu Wort kommen wird, beschwor gegenüber ihren Standesgenossen die Gefahren der Aufbrechung der Klausur der Konvente: Liebe Herren, wollt ihr euch selbst die große Schande antun? Ihr habt euer Blut und Fleisch, eure Kinder und Töchter, Tanten und Schwestern und Kusinen in den Klöstern: Soll denn jedem Buben gegönnt werden, aus- und einzugehen? Es würden dann eher Hurenhäuser als Klöster sein. Die Kontakte mit der Familie, wie man sieht, wurden aufrechterhalten. Man konnte sich dem Gebet der Nonnen empfehlen, diese erhielten jährlich Geschenke. Die Nonnen lebten bequem, so schlimm mußte es nicht sein.

Ganz weltabgeschieden wohnten die Frauen nicht, und sie redeten über das, was in Nürnberg geschah. Susanne wußte sogar, was die Tante zur Hochzeit geschenkt hatte. Den Skandal empfand sie eher deswegen, weil die Toplerin alt war. Man hatte ihr den Kopf verdreht.

Daß die Tante nun lutherisch geworden war, sonst wäre sie zu so einer Hochzeit nicht gegangen, rief weniger religiöse Besorgnis hervor. Eher befürchtet wurde, daß die Familienverbindungen nicht mehr klappten. Die Fronten waren freilich klar: Die neue Lehre hielt nichts von den Geboten der Papstkirche. Die Evangelischen sprangen mit den Geistlichen übel um. Man predigte gegen sie, die Leute wußten, daß vornehme Töchter versorgt wurden: man solle nicht mehr Schwester, sondern Pfründnerin sagen. Die Evangelischen prangerten ihren Müßiggang an und die Kutten, die sie von der Welt unterschieden. Es gebe keinen Unterschied zwischen Geistlichen und Weltlichen.

Die Nonnen hatten Angst: Konnte Gott die Nonnen, die ihrem Gelübde treu blieben, verlassen? Man hoffte, daß die Dinge sich wenden würden.

4.

Was meinte Ursula Toplerin, wenn sie sich auf ihr Gewissen berief? Lange hat man dies als einen protestantischen Grundsatz angesehen. Die Nonnen, die im Kloster bleiben oder dorthin zurück wollten, folgten auch ihrem Gewissen: Sie hatten ihr Gelübde vor Gott abgelegt, nur sie selbst konnten es widerrufen, wenn sie nicht mehr daran glaubten.

Die folgende Szene ist merkwürdig, doch genau überliefert. Am 14. Juni 1525 versammelte sich eine so große Volksmenge vor dem Nürnberger St.-Klara-Konvent wie sonst bei einer Hinrichtung. Es war ruchbar geworden, daß Patrizierfrauen ihre Töchter aus dem Kloster holen wollten. Es wurde ein Spektakel, in mehr als einer Hinsicht »fragwürdig«.

Die Damen Ebner, Tetzel, Nützel und Fürer waren schon am 12. Juni mit einem Wagen vorgefahren. Nur die Äbtissin, die alte Caritas Pirckheimer, verwehrte ihnen den Zutritt zum geschlossenen Konvent. Sie wollten ihre Töchter in der Kirche sprechen: Margarete Tetzel, 23, seit 9 Jahren Schwester, Katharina Ebner, 20, und Clara Nützel, 29, beide 6 Jahre im Konvent. Mit ihnen wollten die Mütter frei sprechen, ohne Aufsicht der geistlichen Mutter, vom Wort Gottes und dem Seelenheil. Auch das verweigerte die Obere: Die Nonnen könne sie nicht ohne Willen des Rates aus der Klausur lassen. Darauf die weltlichen Frauen: Wenn sie nicht wollten, dann müßten sie. »Es ist Ernst, gegen das Gebot des Rates dürft ihr unsere Kinder nicht behalten« – einen schriftlichen Befehl konnten sie freilich nicht vorzeigen. Auf das Ansuchen der Äbtissin, den »Kindern« – sie waren ja rechtlich seit der Profeß volljährig und eigentlich auch den Jahren nach mündig, geistig jedenfalls, wie sich bald herausstellte – ein Gespräch mit ihren Vätern zu ermöglichen, kehrten die Frauen ihre mütterliche Gewalt heraus: Sie hätten die Kinder getragen, es sei ihnen sauer geworden, sie wüßten selbst, was sie täten und wozu sie Befehl hätten – sie nahmen also für sich Selbständigkeit in Anspruch. Den Töchtern gönnten sie dies nicht. Obwohl diese schon zuvor klargemacht hatten, daß sie ihrem Gelübde treu und im Konvent bleiben würden.

Das mußte aber noch mal deutlicher werden, und öffentlich. Denn auch die Klage der Patrizierfrauen vor dem Rat half wenig, weil die Äbtissin den Ratsherren plausibel machen konnte, daß sie die Vorgänge unrichtig dargestellt hatten: Da seien sie in die Pfanne gehauen worden, meinten die Herren.

Nun, am 14. Juni, war den Frauen der Auflauf peinlich. Aber Caritas Pirckheimer versagte ihnen nicht nur, daß sie die Töchter unauffällig durch die Hintertür ausführen konnten: »Ich wollte keine Heimlichkeit.« Sie weigerte sich auch, ihren Nonnen zu gebieten, über die Schwelle der Klausur hinaus in die Kirche zu treten: Sie befahl die Schwestern dem obersten Hirten, der sie mit seinem teuren Blut erlöst habe. Und schließlich widerstand sie auch der Aufforderung der Vertreter des Rates, die jungen Frauen von ihrem Gelübde zu entbinden, auch wenn dies von der Drohung begleitet war, dem

Konvent könne Unglück geschehen. Gewalt und Unrecht war angedroht, und zwar von seiten der Ratsherren, die die Äbtissin zu Zeugen geladen hatte. Zum entscheidenden Schlag hatten auch die selbstbewußten Frauen Männer mitgebracht, wenn auch nicht die eigenen: den Lienhard Held und einen Sohn Sebald Pfintzings.

Genau ist berichtet, welche Argumente in der Kirche Töchter und Mütter austauschten. Die Nonnen redeten so qualifiziert, daß die Ratsherren meinten: Kein Wort vergebens, also kein Gerede, sondern wohl überlegt, und das eine volle Stunde. Gegen den Anspruch der Mütter auf Gehorsam der Kinder, denen gegenüber sie sich auch auf ihr Gewissen beriefen, das sie veranlaßte, ihre Töchter aus dem Rachen der Hölle zu reißen, beharrten die Nonnen darauf, daß sie im Kloster bleiben wollten – die Hölle müßten sie draußen fürchten. Sie würden, wenn sie ausgeführt würden, ihre Seelen von den Müttern einfordern. Und: Obwohl sie ihre Mütter seien, in Sachen des Seelenheils seien sie nicht schuldig, ihnen zu gehorchen. Die zynische Replik der Mütter, sie wollten die Sünde auf sich nehmen, disqualifizierte sie ebenso wie den Held das liberale Angebot, alle Sünde, die sie in der Welt begehen würden, auf seine Kappe zu nehmen. Die Weigerung war auch nicht durch Versprechungen zu durchbrechen. Die Frauen weinten, wie sie es schon im Konvent getan hatten, herzzerbrechend. Denn, so wurde schließlich klar, wie Caritas sagte: »Die Gewalt ist zu groß.« Sie vertröstete sie dann auf das Wiedersehen in der Ewigkeit.

Nur der Gewalt wichen die Frauen: Sie mußten gewaltsam der Ordenskleidung entledigt und aus der Kirche hinausgeschoben werden: zwei vorne, zwei hinten, mit Geschimpf, Zerren und Schleppen, Heulen und Weinen. Hätte die Äbtissin nicht schon vorher die Frauen Wölfe genannt, nun wäre es berechtigt gewesen. Mutter Ebner schlug ihre Katharina auf den Mund, daß Blut herausfloß. So wenig vornehm dieses Ereignis auch in der Öffentlichkeit war, so gemein war auch das Mitleid: das der Landsknechte, die den Zug begleiteten, und das der Weiber auf dem Obstmarkt vor des Ebners Haus.

Denn hier bezeugte die Katharina noch einmal öffentlich, ihr sei wider den eigenen Willen Gewalt und Unrecht geschehen.

Ob man es dennoch als Sieg der Reformation ansehen soll, daß Ursula Tetzel 1530 heiratete und noch vier Kinder zur Welt brachte? Den evangelischen Geistlichen erschien das so; denn sie hielten die Nonnen für verführt, vom Teufel und menschlichen, d. h. kirchlichen, Gesetzen, die gegenüber der Heiligen Schrift nicht gälten. Andreas Osiander benutzte sogar das zwiespältige Wort von der Sodomie, womit er gewiß sündige Zustände wie in Sodom meinte, derentwegen Gott die Stadt Nürnberg strafen werde, der Volksmund bezeichnete so jedoch das todeswürdige Verbrechen der Unzucht mit Tieren.

Einigen Ratsherren war dieser Gewaltakt weniger angenehm. Die Pirckheimerin intrigiere, gaben einige vor (durfte sie nicht Briefe schreiben?), Emser und andere teuflische Personen, ihre Gesinnungsgenossen, stifteten sie zu Ungehorsam gegen die Obrigkeit an: Dies waren politische Argumente, die zu Ruhe und Frieden dienten. Ein Jurist ließ sich routinierter aus: der Rat müsse eben etwas tun, die Verhältnisse hätten sich so entwickelt. Ein anderer forderte denn doch freie Entscheidung für die Nonnen: frei auszutreten, aber auch drin zu bleiben. Zumindest so lange, bis die Weltläufe besser würden – man wußte, daß er außenpolitische Schwierigkeiten meinte. Er sah auch Komplikationen bei einer Rückkehr in die Welt. Einige hätten beim Eintritt ins Kloster auf ihre Erbschaft verzichtet, ob es dabei bleiben solle? Die Autorität der Eltern, ebenso wie die der Obrigkeit des Rates, sollte gestärkt werden: Die Töchter waren ihr nach dem 4. Gebot unterworfen, bestätigte der Rat. Mündigkeit war nicht gefragt. Die Ruhe und patriarchalische Ordnung waren gerade 1525 wieder in Geltung zu setzen.

Es gab aber auch abweichende Meinungen. Christoph Fürer, der Bruder des Sigmund und der Mutter der Ursula Tetzel, schrieb, in Deutschland seien drei giftige Würmer herangewachsen: der Buchdruck, der Wittenberger Mönch und ein Fürst, der sich mit den Zunftmeistern gemein mache. Nicht daß er für die alten geistlichen Mißbräuche eintrete, aber Luther mache das alte gefangene Gewissen so frei, daß es in Deutschland keine Gottesfurcht, kein Gewissen und keine Furcht vor Sünde mehr gebe. Der Bosheit sei die Tür geöffnet, ohne Furcht und Scheu nehme jeder lieber, als er gebe. Was allein helfen könne, sei eine Versammlung von gelehrten, gerechten und vernünftigen Leuten (man könne das ruhig Konzil nennen). Nicht Gesetze – deren nach dem Wort Christi der Gerechte nicht bedürfe –, sondern nur ein solcher Schiedsrichter könne helfen. Nicht einer, der die Schrift allein auslegen wolle, könne die Welt befrieden. Der sei immer nur Richter in eigener Sache. Gemeint war Luther, nicht der Papst. Den Konsens einer solchen vernünftigen Versammlung habe Christus sicher auch gemeint, wenn er vom Binden und Lösen sprach, und auch die Obrigkeit verfahre am besten so. Autorität und Konsens – dies waren seine Leitvorstellungen. Und sie deckten sich mit denen der Mehrheit des Nürnberger Rates, nur daß dieser kaum Vorbehalte hatte gegen den Konsens, den die evangelischen Prediger bewirkt hatten.

5.

Allstedt ist heute nur als Ort bekannt, an dem Thomas Müntzer in dem langen Jahr von Ostern 1523 bis Anfang August 1524 predigte. Schon 1523 nannte ihn Luther einen »Propheten« und meinte damit etwas Negatives, nämlich einen, der seinen Auftrag unmittelbar von Gott ableiten wollte, an der Heiligen Schrift vorbei. Der Bericht, daß Müntzer im Turm der Wipertikirche in Allstedt wohnte, um so Gott näher zu sein, braucht nicht falsch zu sein. Der zweite Geistliche am Ort, Simon Haferitz, war schon vor ihm da, er war ein entlaufener Mönch. Bald unterstützte er Müntzer. Dieser war dem Allstedter Rat von einer Adligen empfohlen worden, nachdem er aus Zwickau weichen mußte und sich eine Weile in Prag aufgehalten hatte. Müntzer wollte in Allstedt nicht Ruhe auf der Flucht finden, sondern Reformation machen. Er ließ im Gottesdienst Lieder deutsch singen und verwandelte die Messe in die Muttersprache. Er predigte aber auch gegen die

Verfolger des Evangeliums, das viele aus den umliegenden Orten hören wollten, deshalb nach Allstedt liefen, doch von ihren Herren den Ordnungen des Reiches gemäß daran gehindert werden sollten. Daraus entwickelte sich eine Situation, in der Müntzer nicht mehr nur reden wollte. Er bildete eine Bürgerinitiative, und dies beunruhigte die Obrigkeit Sachsens, ebenso wie Luther zuvor schon den Ruch des Propheten ausgestreut hatte. Müntzer war eigensinnig. Der Kurfürst von Sachsen war Patronatsherr, er hatte den Pfarrer einzusetzen. Jetzt mußte er feststellen, daß der Allstedter Rat an ihm vorbei gehandelt und sein Recht unterlaufen hatte. Müntzer versuchte vergeblich, die sächsischen Fürsten zu entschlossenem Handeln für die Reformation zu gewinnen. Als ihm die Zensur seiner Schriften auferlegt wurde und er in Allstedt Verrat witterte, kletterte er eines Nachts über die Mauer und zog über Land.

Dies war keine so offene Demonstration, wie man sie von einem Propheten erwarten würde. Müntzer hatte sich vorher wie nachher mit entschlosseneren Gesten zu Gott bekannt. Er hatte zum Beispiel eine aus dem Kloster Widerstedt entlaufene Nonne zu sich genommen, elf der sechzehn hielten sich in Allstedt ab Sommer 1523 auf. Seine Frau war eine Niederadlige, Ottilie von Gersen. Man mußte die Heirat nicht öffentlich machen, auch in Allstedt nicht. Jedenfalls gebar Ottilie Ostern 1524 einen Sohn. Dies stieß am Ort nicht auf Befremden. Die Frau des Schößers meinte, Müntzer solle Gott für einen jungen Erben danken. Worauf Müntzer nichts antwortete, doch als sie weggegangen war, sich so äußerte: Man sehe nun, daß er den Kreaturen ganz entrissen sei. Selbst jetzt, mit Frau und Kind, wollte er Gott näher sein.

Daß der Kurfürst von Sachsen nach seinem Auszug wiederum einen mit einer Nonne verheirateten Pfarrer nach Allstedt sandte – Kern wurde Müntzers Nachfolger –, mochte verschiedene Gründe haben: Einmal gab es so viele Kandidaten nicht, deren Gesinnung als evangelisch gelten konnte, so geriet ihm Jobst Kern willkommen zur Hand. Dann wollte er wieder sein Einsetzungsrecht geltend machen, und nach dem

Allstedter Skandal sollte wohl nun ein ruhigerer, überdies von Luther empfohlener Nürnberger dort predigen.

Die Hoffnung, mit Kern werde Ruhe einkehren, trog nicht völlig. Obwohl die innere Front der Ehekrise von Jobst und Ursula bereinigt war, hielten sich noch Abweichler in Allstedt. Die Visitation von 1533 wollte im Gottesdienst lutherische Ordnung schaffen. Lange blieb der Geruch von Müntzer über Allstedt liegen. Noch ein Vierteljahrhundert später beschimpfte ein Amtmann der neuen Herren, der Grafen von Stolberg, die Allstedter als Müntzerische Aufrührer, die es wiederum gewagt hatten, einen Pfarrer ohne die Obrigkeit zu berufen. Dabei war Allstedt, wenn auch nicht berühmt, so doch kein historischer Parvenü. Seit dem 8. Jahrhundert ist der Ort belegt, und das Schloß auf der Höhe über der Stadt war eine königliche Burg, eine Pfalz, gewesen, in der so bekannte Könige wie Otto I. und Otto II., Heinrich II. und andere gewohnt hatten. Die Grafen von Mansfeld wurden im Anfang des 14. Jahrhunderts mit Burg und Stadt belehnt, dann kam sie in die Hand des Kurfürsten von Sachsen. Über die Mansfelder, denen der Bruder Friedrichs des Weisen, Johann, 1526 das Schloß vergab, ging dann der Ort an die Grafen von Stolberg, in der zweiten Hälfte des 16. Jahrhunderts wieder an die Sachsen, die es noch Ende des 19. Jahrhunderts als Jagdschloß benutzten. Leider wissen wir über die gelegentlich dort wohnenden Herrscher mehr als über die Menschen, die dauernd dort wohnten.

Es waren ungefähr 120 Familien, denen Müntzer, Haferitz und dann Kern zu predigen hatte, und mit ihnen ging die Geschichte, nachdem Müntzer den Ort berüchtigt – dafür heute berühmt – gemacht hatte, nicht anders um als mit vielen anderen Kleinstädten. Immerhin: Ende des 16. Jahrhunderts wird von Wohlstand berichtet: Allstedt war ein »feines Amt«, meinte ein sächsischer Kanzler. Es warf etwa 6000 Gulden im Jahr ab, für den Herrn. Fruchtbare Felder, Viehzucht, auch die Wälder, deren Holz für die nahen Bergwerke genutzt wurde, brachten Gewinn. Selbst Wein konnte man ernten, man züchtete Pferde und mästete Ochsen.

Doch den Wohlstand zerrüttete der große Krieg im nächsten Jahrhundert: 1626 zogen feindliche Truppen durch und drangsalierten die Bevölkerung, in den Wintern 1627 auf 1628 und im folgenden quartierten sich gegnerische Truppen ein und beuteten die Vorräte aus. Kaiserliche Soldaten plünderten Allstedt 1632 und 1636, kaum daß man sich zu erholen begann. Selbst von den Helden des Löwen aus dem Norden – Gustav Adolf hielt sich kurz zum Frühstück in Allstedt auf – wurden 1632 achtzehn Bürger ermordet, wenn auch versehentlich, denn eigentlich hätten die schwedischen Offiziere den Auftrag gehabt, gegen die eigenen plündernden Soldaten martialisch vorzugehen. Nur daß der »bedauerliche Vorfall« wieder die Einwohner traf. Sie waren schon 1625 von der Pest dezimiert, dies wiederholte sich 1639. Längerbleibenden Schaden bewirkten der Stadtbrand 1657, der vierzig Häuser vernichtete, und der von 1662, dem weitere vierzehn zum Opfer fielen. Fast ruiniert wurde Allstedt durch eine Pest 1681. Die meisten Bürger sind gestorben, wurde berichtet, die reifen Früchte verdarben oder konnten nicht weiterverarbeitet werden, weil keine Arbeiter mehr da waren. Selbst wenn man Getreide ausdrosch, hatte keiner Geld, etwas davon zu kaufen. Mit Geld, so schließt der Bericht, ist nicht das Geringste zu machen. Solange die Pest in Allstedt war, wurde Quarantäne verhängt, Handel und Wandel, Ankauf und Verkauf nach außerhalb verboten. Auch diesmal, weil der Boden Nahrung gewährleistete, kam Allstedt langsam wieder auf.

Allstedt war eine kleine Stadt der »Ackerbürger«, das sicherte dann auch bei den schweren Krisen sein Überleben. Von den Bürgern wissen wir wenig genug, sie waren nicht berühmt, weder die vor Müntzer noch die nach ihm. Gewiß wollten sie auch gar nicht berühmt sein, sie wollten leben, erst ohne, dann mit Geld. Aber Leben war noch wichtiger als Geld, das zur Not entbehrlich war, solange man von der Hand in den Mund leben konnte.

Innerhalb der langen Geschichte Allstedts ist die Unruhe der Müntzerzeit eine Episode, und der unrühmliche erste evangelische Pfarrer Jobst Kern hob die Stadt auch nicht aus dem normalen Lauf der Zeiten heraus. Er und seine angetraute Frau freilich gehören ins Bild der Reformationszeit, auch wenn ihre Ehe nicht so gut lief wie die des großen Wittenberger Reformators und die vieler anderer neuverheirateter evangelischer Geistlicher, sondern die erste Hoffnung an dem Widerstand der Frau zerbrach. Für Kern war dieses Scheitern ja nicht endgültig, er überlebte es mit einer noch unbekannteren Frau – nicht einmal ihren Namen wissen wir: Sollten wir sie nicht einfach Margarete nennen?

6.

Im März 1533 kamen aus Wittenberg Justus Jonas und Johann Bugenhagen mit zwei adligen Amtsleuten, um Stadt und Land Allstedt zu visitieren. Der Zweck: die Kirche zu ordnen. Müntzer hatte zum Beispiel den Altar in der Pfarrkirche St. Johann so gestellt, daß der Pfarrer hinter ihm mit dem Gesicht zum Volk stand. Obwohl dies nicht wesentlich war, es sei nicht viel daran gelegen, machte die Visitationskommission »solche unnötige Neuerung« rückgängig. Der Gottesdienst sollte der Wittenberger Ordnung entsprechen.

Einigkeit und Reinigkeit war das Maß, das auch gegen die Leute galt, die vom Glauben und den Sakramenten übel redeten. Der Pfarrer sollte sie ausforschen und sie »zur Einigkeit« weisen; wenn's nicht half, konnte der Pfarrer sie bei den Amtsleuten anzeigen. Sie sollten dann ausgewiesen werden. Predigen sollte Kern auch gegen die falschen Lehren von der Taufe, vom Abendmahl und von der Obrigkeit. Das Abendmahl sollte man reichen, wie das von Wittenberg herausgegebene Buch der Visitatoren es verlangte.

Nicht nur die Abweichungen sollten bekämpft werden, der Allstedter Pfarrer hatte jeden Sonntag eine Messe zu halten und das Evangelium, gemeint war der Text der sonntäglichen Lesung eines Abschnitts aus den vier Evangelien des Neuen Testaments, predigen, »nach Inhalt der Postille Martin Luthers«.

Nicht nur die Glaubenslehre von der Buße und der Beichte

vor dem Abendmahl waren wiedereinzuführen, Müntzer hatte sie fortgelassen, sondern auch die Lieder, die er eingeführt hatte und die immer noch gesungen wurden, waren aufzuheben. Zwar räumten die Visitatoren ein, daß die Lieder einige Sprüche aus der Heiligen Schrift enthielten, aber sie waren eben durch Müntzer »unchristlich« eingeführt worden. Singen sollten die Schüler, und zwar mit Noten und Text, wie Luther sie gemacht hatte oder wie sie im Wittenberger Gesangbuch gedruckt waren.

Neu eingerichtet wurde die Schule. Dreimal im Jahr waren die Kinder zusammenzurufen, um ihr Wissen im Katechismus abzuhören. Denn die Eltern vernachlässigten die Jugend. Die Predigten über den Katechismus dienten auch dazu, die »groben Leute« zu unterrichten, daß Gott in seinen Geboten gegen das »wilde, mutwillige und wüste Leben« Stellung nahm. Davon waren auch althergebrachte Sitten betroffen wie die Vereinbarung der Eheschließung durch die Partner selbst, ohne daß die Eltern zu Rate gezogen wurden: Heimliche Ehen hießen sie nun.

Und schließlich die Pfarrer selbst: Es waren schon einige mit umziemlicher Bekleidung zur Visitation erschienen. Sie sollten nun standesgemäß gekleidet sein. Zwar: Das Kleid ist keine bedeutende Sache, aber, wie schon Paulus sagte, die Diener des Wortes Gottes sollen auch in ihrem Äußeren tadellos sein. Wichtiger: Die Pfarrer lasen nur die deutschen Bücher Luthers, und die auch selten. Sie sollten die lateinische Bibel studieren, um so ihre Pfarre christlich betreuen zu können. Während der Messe sollten sie die alten Meßgewänder wieder anziehen, Kerzen brennen, wie im ganzen Land des Fürsten üblich. Diese wie die ganze Anordnung bezweckte gute Zucht: Man tat damit nichts gegen Gott.

Ittinger Sturm: Bauern entkleiden einen Mönch

1.

Als im Sommer 1524 die Kartause Ittingen bei Frauenfeld geplündert und verbrannt wurde, ereignete sich die folgende Szene, die der Geistliche Jakob Guldi, Prädikant zu Benken, später in Truttikon, dem Untersuchungsausschuß so darstellte:

Einige betrunkene und unruhige Leute traten eine Zelle des Kartäuserklosters auf. Zu befürchten war, die Bauern würden den dort lebenden Mönch verwunden. Er, Guldi, war von einigen guten Gesellen gebeten worden, dorthin zu gehen, um zu vermitteln. Tatsächlich: Als er in die Zelle kam, bedrohten die Leute den Mönch. Sie fluchten bei der Kraft von Gottes Wunden und Leiden, ihm zu zeigen, was Sache sei und ihm die Kutte auszuziehen. Recht und Gewohnheit wollten sie brechen. Guldi mußte befürchten, sie würden ihn ums Leben bringen. Das habe er mit seiner Hellebarde verhindert. Er stellte sich vor den Mönch: Wer ihm Gewalt an Leib und Leben zufüge, der müsse es auch ihm tun. Die Bauern schrien: So mußt du dich ins Mittel legen. Zieh ihm die Kutte aus. Um Schlimmeres zu verhüten, um das Leben des Mönchs zu retten, zog Guldi dessen Mantel mit der Kapuze aus. Die Bauern nahmen ihn, rissen ihn in Stücke und zerschnitten ihn. Dann schrien sie, auch die Kutte solle er ihm ausziehen, auch die zerrissen sie. Ohne Ordenskleid stand der Kartäuser nun da, fing an zu klagen und zu weinen. Tränen schossen ihm aus den Augen. Da zog Guldi seinen Leibrock aus, schenkte ihm den und zog ihn dem Mönch über. »Lieber Bruder«, sagte er, »beruhige dich, wer dir etwas Böses tut, der meint auch mich.« Dann fragte er den Mönch, ob er trinken wolle. Da sagte der Kartäuser: Er wollte lieber essen. Guldi führte ihn ins Dorf und gab ihm zu essen. So menschlich endete der Auszug aus dem babylonischen Gefängnis.

2.

Die Szene ist nur ungenügend erklärt, wenn man sie als Zwangsentkleidung wütender Bauern auslegt. Denn warum geriet der Kartäuser außer Fassung?

Sein Ordenskleid symbolisierte den geistlichen Stand. Der Mönch trat in ihn ein, indem er die Tracht angezogen bekam. Nichts weniger geschah in dieser Szene, als daß die Bauern den Mönch in den Laienstatus zurückversetzen wollten. Das Frühstück bestätigte nur, daß hier ein Mensch mit normalen Bedürfnissen war, kein von allen Laien ausgesonderter Geistlicher.

Ähnliches wurde auch den Nonnen von Heggbach im März des folgenden Jahres von Bauernfrauen angedroht: Die Männer wollten das Korn des Klosters wegführen, die Klosterfrauen hatten den Schwäbischen Bund alarmiert. »Wenn ihr unsere Männer tötet«, so die Frauen, »kommen wir ins Kloster und kratzen euch die Augen aus. Dann werfen wir euch hier heraus, und ihr müßt Kühe melken, dreckige Jacken tragen, wir aber kommen hinein und ziehen saubere Pelze an. Ihr kommt zu dem Bauernhaufen, die Kleider wird man euch über dem Kopf zusammenbinden. Ihr müßt auch Kinder haben und euch weh tun lassen wie wir.«

Auch hier ist die Kleidung – dreckige Jacken, saubere Pelze – Symbol für das Leben. Wie in Esslingen 1524 ein Schneider zu einem Priester gesagt hatte, der einen guten Rock angehabt habe, sie wollten noch einmal die guten Röcke und Jacken anziehen und die Pfaffen würden kurze graue Röcke tragen. Denn sie haben sie beschissen, so daß sie die guten Kleider haben könnten.

Und das, was die Bauern mit den Ordensgewändern taten, bestätigt diese Deutung. Sie nahmen die Kleider nicht mit, wie Bauern anderes aus dem Konvent entfremdeten, sondern sie zerschnitten sie, wie sie es mit den Urkunden und den Büchern des Klosterarchivs taten, um sie zu entwerten.

3.

Der »Ittinger Sturm« ist nur in der Reformationsgeschichte der Schweiz ein bekanntes Ereignis. Sturm hieß er nicht deshalb, weil ein Kloster gestürmt wurde. Der ursprüngliche Anlaß war ein anderer: Der Landvogt der Eidgenossen im Thurgau ließ einen reformatorisch gesinnten Geistlichen, Hans Oechsli, der in einem Flecken gegenüber Stein am Rhein wohnte, bei Nacht ergreifen. Das war sowohl eine gezielte Aktion, die die reformatorische Bewegung treffen sollte, und ebenso war dies erwartet worden. Einige nahe beieinanderliegende Gemeinden hatten sich vereinbart – das schon länger unruhige Stammheim, das nahe gelegene Waltalingen, das Städtchen Stein am Rhein und das zwischen Stein und Stammheim gelegene Nußbaumen –, wenn der Landvogt zugreifen sollte und bei Feuersbrunst, man befürchtete offenbar auch eine solche Aktion, wollten sie einander helfen. Sturm hieß, daß die Männer der Gemeinde bewaffnet zusammenliefen, und »Sturm« wurde durch die Kirchenglocken eingeläutet. Dies geschah in der Nacht vom 17. zum 18. Juli 1524, als die Bauern und Städter den Häschern des Landvogts nacheilen wollten, um den Gefangenen zu befreien. Denn Oechsli hatte noch aus seinem Fenster Hilfe schreien können.

Die Stürmenden kamen gegen Morgen bis zum Ufer der Thur; dort mußten sie feststellen, daß die Leute des Landvogts mit Oechsli bereits über den Fluß gelangt waren: Sie waren entkommen. Die Befreiung war mißglückt.

Auf den Wiesen am Fluß lagerten sich die Leute. Immer mehr aus anderen Gemeinden trafen ein, niemand zählte sie, doch es mögen mindestens 3000 gewesen sein. Die Suche nach Verpflegung führte sie zu dem nahe beim Dorf Warth gelegenen Kloster der Kartäuser. Erst jetzt wuchs die Aktion zum Ittinger Sturm aus. Man ging ins Kloster und ersuchte um Speise und Trank. Und man fand es reichlich. »Die nennen sich arme Kartäuser«, so stellte sich der Befund dar, »und abgesondert von der Welt, und haben einen hübschen Keller mit Wein, soviel Butter und Fülle.« Von diesem Überfluß nahm man mehr, als Hunger und Durst befriedigte. Als Jakob Guldi in Ittingen ankam, sah er bereits »unruhiges Trinkerleben«.

Die Gewaltaktion setzte mit einzelnen Handlungen ein. Als man die Mönche um Nahrung bat, brach man den Speisekeller auf, dann schlug einer dem Säckelmeister des Konvents den Beutel ab – es waren vier Gulden darin –, Schlösser wurden aufgebrochen, Kisten aufgehauen und die Zellen der Mönche, schließlich das Archiv zerstört. Der Prior wurde bedroht, so daß Guldi ihn beruhigen und schützen mußte: Die Leute wollten nur Essen und Trinken. Doch entwickelte sich ein »Bildersturm«, Glasfenster im Wert von 300 Gulden wurden zerstört, das Sakramentshäuschen wurde geöffnet, die Hostien wurden ausgeschüttet und mit Füßen getreten. Schließlich legte man Feuer, so daß das Gebäude brannte, morgens am 19. Juli.

Aus der Abwehr war Aggression geworden, und einzelne rechtfertigten dies. Nicht allein mit Hunger und Durst, die hätten ja leicht gestillt werden können. Die Erfahrung, daß die Mönche vorgaben, arm zu sein, und doch reich waren, wurde ins Zentrum der reformatorischen Lehre weitergeführt. Als die Hostien entheiligt wurden, sagte einer: »Das ist ein Grund aller Ketzerei.« Bauern nannten das Allerheiligste, das Zentrum des Sakraments des Leibes und Blutes Christi und damit der Kirche, eine Ketzerei – so groß war die Entfremdung.

Diese Entfremdung war personal orientiert: Sie wandte sich gegen die Geistlichen. Einer derjenigen, die am schärfsten waren, war der Geistliche von Stein am Rhein, Erasmus Schmid, der in dem Sturm einen heiligen Krieg sah. Der Antiklerikalismus hatte in ihm einen Vorsprecher. Andere Prädikanten mahnten zu Ruhe und Ordnung. Doch gaben auch sie an, es gehe um das Wort Gottes. Das kam der Wirklichkeit näher, denn Oechsli war ja deshalb gefangen. Es gab Laien, die in den Mönchen »große Hansen« sahen, also Herrschende und Reiche.

Überhaupt war diese Bauernansammlung keineswegs einer

Meinung: Einige wollten dem Rat folgen, sich aus der Nähe des Klosters zurückzuziehen, am 19. Juli taten sie das auch, andere aber blieben, um den Druck auf den Landvogt sichtbar aufrechtzuerhalten, wenige planten eine weitere Aktion, wollten aus der Versammlung eine zum Krieg bereite Mannschaft machen. Die Eidgenossen hatten darin Übung, sie dienten als »Reisläufer« in den europäischen Kriegen auswärtiger Mächte. Einer, Kläui Wieland, schlug vor, ein Lager zu machen. Er wollte eine militärische Organisation zum Aufstand. Es erwies sich, daß verschiedene Interessen bestanden, deren Absichten und Ziele auseinanderliefen.

4.

Akademischer ging es zwischen den Geistlichen her: Der Prediger von Marthalen, Johann Ulmann aus Überlingen – er kam also von jenseits des Bodensees –, versuchte dem Prior klarzumachen, er wisse, daß ihr Leben nichts wert sei, denn die Mönche wollten durch eigene Werke selig werden, das sei vor Gott ein Greuel. Und der Hinweis auf die Babylonische Gefangenschaft war ein Zitat eines Titels, eines Buches von Martin Luther.

Das besprach er jedoch in Latein, der Sprache, in der die Kleriker verkehrten und die das Volk nicht verstand. Auch darin zeigte sich die Solidarität des geistlichen Standes, wie bei der Entkleidungsszene. Die Geschichte hat damit eine Komponente, die zwischen Geistlichen spielt. Sie hatten während dieser Zeit Identitätsprobleme, wie wir heute sagen würden.

Jakob Guldi hörte in Benken in der Nacht, daß Sturm geläutet wurde. Einer klopfte an und sagte ihm, man stürme. Aber der Geistliche, aus dem Franziskanerkloster in Villingen entlaufen, wußte nicht, wie er sich verhalten sollte. Jeder Mann im Ort kannte das genau: Er lief zum Sammelplatz. Guldi aber ging zum Untervogt und fragte: Wie soll ich mich bei solchen Anlässen verhalten? Soll ich auch mitlaufen – oder nicht? Der Untervogt antwortete: Ja, du bist ebensogut ein

Mann wie wir, deshalb lauf mit und setze Leib und Gut zu uns. Erst das, was der Untervogt bestimmte, setzte Guldis Identität neu fest: Er war kein von den Bauern abgesonderter Geistlicher mehr – im Mittelalter hatten die Kleriker neben anderen das Vorrecht, vom Kriegsdienst befreit zu sein, im übrigen ein Zeugnis dafür, daß die Kirche für Frieden einstehen solle –, sondern ein Mann wie andere. Und er sollte nun Leben und Vermögen für die Gemeinde der Bauern einsetzen.

Guldi hatte sich – dies kommt im Verhör beiläufig heraus – schon vor dem Sturm wie ein Mann verhalten. Er sagte nämlich, er habe bei seiner Hausfrau zur Ruhe gelegen. Er hatte also eine Frau genommen, und die Gemeinde hatte dies getragen. Dieser Bruch mit der kirchlichen Tradition, die dem Kleriker Ehelosigkeit auferlegte, verdeutlicht einmal mehr, daß Guldi, wie der Untervogt sagte, »als wol eins mans wert« war.

Der Bildersturm, wie er durch die Stadt Zürich und übers Land lief, war ein Teil einer grundlegenden neuen Abgrenzung des bisher für nicht zur Laienwelt Gehörigen – und, wie die Geschichte in Benken zeigt, die Grenzen zwischen Geistlich und Nichtgeistlich wurden auch unten auf dem Dorf, oder vielleicht besser: vor Ort, neu gesetzt.

5.

Dieses Ereignis »Ittinger Sturm« hatte Vorläufe und lange Nachspiele. Eine Vorgeschichte ist schon kurz bezeichnet: In den Thurgau hinein hatten die Nachrichten aus Zürich gewirkt, daß dort die Bilder aus den Kirchen entfernt und die Konvente geräumt wurden. Das Gebot des Züricher Rates dazu war am 15. Juni 1524 veröffentlicht worden. Zürich hatte bei einzelnen Gemeinden Herrschaftsrechte, auch in Stammheim. Dort war die Unruhe schon gewachsen, da die Söhne des Hans Wirth, der in Stammheim Untervogt war, Johann und Adrian Wirth, Geistliche waren. Sie wirkten für die Auslegung der Heiligen Schrift, wie sie Zwingli in Zürich vortrug. Offenbar erhielt Adrian im Winter, im Februar und März 1524, Verbot, evangelisch zu predigen. Er und sein

Bruder wurden am 1. Mai von der Gemeinde Stammheim zu evangelischen Geistlichen ernannt. Und schon einmal war deshalb vermutet worden, der Landvogt im Thurgau, Joseph Amberg, wolle die Brüder gefangensetzen, wozu er einen Auftrag der Eidgenossen hatte. (Der Thurgau war eine gemeinsame Herrschaft, kein selbständiger »Kanton«.) Schon einmal war deshalb, am 4. Juli 1524, Sturm geläutet worden. Die Bauern umstellten ein Haus, in dem sich die Häscher aufhalten sollten. Sie hatten nichts gefunden.

Eine andere Vorgeschichte spielte sich in der Kartause selbst ab: Es wohnten nämlich nur sechs Brüder in dem Konvent, drei zeigten Neigungen zur neuen Lehre, und einer von ihnen schrieb in einem Brief, daß viel Besitz in den Händen weniger Mönche sei – seit die Kartäuser 1461 in das Kloster gezogen waren, hatten sie sparsam gewirtschaftet; sie waren auf ihre Rechte bedacht –, was die Bauern belastete. Sie hatten ihre Güter auch vermehrt. Im März 1523 schon hatte der Prior um Schutz bei der »Tagsatzung« gebeten, weil er einen Überfall befürchtete. Aber diese Befürchtung zeigt keinen Zusammenhang mit dem Zufall im Juli 1524.

Noch eine Entwicklung, die vorausging: Seit Herbst 1522 gab es Bauern, die sich weigerten, der Kirche den Zehnten abzuliefern. Dies wohl materiell motivierte Verfahren, sein geerntetes Gut für sich zu behalten, hatte möglicherweise zwei Gründe, die zusammenkamen: Zürich hatte verboten, zu fremden Mächten in den Kriegsdienst zu laufen. Das Ventil, den Lebensunterhalt zu sichern, wurde verschlossen. Dann aber öffnete sich ein neues: Die Rechte der Kirche schienen nicht mehr unbezweifelbar zu sein – eine materielle Folge der evangelischen Predigt. Gegner Zwinglis machten den Zusammenhang deutlich: »Unser Zwingenmacher von Zürich hat etwa gepredigt, daß man nicht schuldig sei, den Zehnten zu geben. Jetzt widerruft er darum, weil er ein Chorherr geworden ist. Und wenn er (jetzt noch) so predigte, hätte man ihn längst ertränkt«, sagte der Landvogt von Andelfingen, Othmar Rordorf, dessen zwei Töchter aus ihrem Konvent entlaufen waren.

Von den nachfolgenden Entwicklungen ist die Verurteilung und öffentliche Verbrennung des Stammheimer Untervogts Hans Wirth und seines Sohnes Hans am bekanntesten. Hinzu kommt die des Nußbaumer Untervogts in Baden im Aargau durch die oberste Versammlung der eidgenössischen Länder, die Tagsatzung. Daran knüpfte sich ein langer Schriftverkehr zwischen Zürich und den anderen Orten an.

Bekannt sind die Folgen für die Dörfer im Gebiet der Stadt Zürich: Ihre Unruhe, ihr Aufbruch zu neuen Formen geistlichen Lebens, das alles läßt sich in den Quellen nachweisen.

Weniger bekannt ist, daß der Vogt von Stein am Rhein, Konrad Steffan, der den Sturm aus Stein angeführt hatte, »über die Grenze« in die Reichsstadt Konstanz flüchtete, ihm dort ein Prozeß gemacht wurde, er aber freigesprochen wurde. Der Steiner Prediger, Erasmus Schmid, entkam nach Lindau, wo er heiratete.

Am wenigsten bekannt ist die späte Nachgeschichte. Denn die Kartause wollte mit Hilfe der Eidgenossen durchsetzen, daß ihr Besitz wiederhergestellt würde. 1526 kam es zu Entwürfen einer Vereinbarung über den Schadensersatz. Aber dieses Nachspiel verging in Entwicklungen, die in Zürich und dann in der Eidgenossenschaft die Neuerung weiter- und durchführten.

5.

Damit man nicht sogleich annimmt, hier sei auch alles so wie in vielen Städten gelaufen, in denen die Ideen der Reformatoren Anklang fanden und verwirklicht wurden, berichte ich zuerst von einer Geschichte aus dem Umkreis Zürichs, die das Gegenteil belegt. In Meilen, 16 km südöstlich von Zürich am See gelegen, lebten Weinbauern und Fischer zusammen. Ihre Geistlichen, ein Pfarrer, Hilarius Korner, und zwei Kapläne, Simpert Schenk und Hans Klarer, nahmen sich der reformatorischen Lehre an. Die Gemeindeleute brachen nach einer Weihnachtspredigt Schenks nachts in dessen Haus ein, trugen alles Eßbare davon, so daß er keinen Bissen mehr zu essen gehabt habe. Ein andermal warfen sie einen Sack voll Steine in und an sein Haus. Die Geistlichen mußten versprechen, nichts Neues einzuführen, aber der Pfarrer und ein Kaplan, Klarer, wollten heiraten. Obwohl die Gemeinde sich ablehnend äußerte, traute der Pfarrer Hans Klarer Mitte April 1524. Die Gemeinde erfuhr erst nachher davon. Und sie reagierte deutlich: Bei Klarer war wenig zu holen, zudem war seine Frischangetraute schwanger, aber des Pfarrers Haus wurde geplündert, vor allem der Keller: fünf Eimer Wein, zehn Käse, neun Hennen, fünfunddreißig Würste, Schweineschmalz, Butter und Brot. Ein Anstoß war wohl, daß die Geistlichen den Dorfgenossen keinen Wein zum Hochzeitsumtrunk ausgeschenkt hatten. Gravierender war, daß die Meilener nicht zulassen wollten, daß ihre Geistlichen heiraten: »Siehst du, Pfaff, wenn die Frau mit dem großen Bauch nicht da wäre, so haben wir zusammen geschworen, dem Pfaffen, der sein Weib heiratet, den Hals abzustechen«, so sagten sie zu Klarer. Die Gemeinde war und blieb gespalten. Im Herbst 1524 mußten die beiden Verheirateten hinaus, Simpert Schenk bald darauf. Er ging nach Memmingen.

Wie andere Dorfgemeinden, die evangelische Geistliche duldeten oder annahmen, hatten die Meilener ein Gewohnheitsrecht bei der Wahl des Pfarrers, die Einsetzungsrechte lagen beim Kloster Einsiedeln, und Meilen hatte, auf eigene Kosten, 1495 eine neue Kirche gebaut.

War dies ein Einzelfall? Im Gebiet um Zürich herum gewiß. Aber die Länder im Innern der Eidgenossenschaft waren durchweg bäuerlich, und sie hielten an dem althergebrachten Glauben fest. Die Ketzer seien in der Stadt – Zürich wollte er nicht für Herren halten – und die von Schwyz und Glarus seien tapfere (feste, mutige, vertrauenswürdige) Leute, sagte ein Meilener.

Der Mord der Schweine – Sorge um die Armen

1.

In den Straßen und Gassen der kleinen Stadt Kitzingen liefen zwei Schweine herum. Mönche hatten sie ausgesetzt und fingen sie wieder ein, ließen sie schlachten, um den Erlös den Armen zuzuwenden. Die Bürger fütterten die Tiere mit Haus- und Küchenabfällen. So konnten die Abfälle beseitigt werden, nicht alle, doch mochte es auch andere streunende Schweine geben, nicht ganz geräuschlos, denn den Schweinen hingen Glöckchen um den Hals, nicht ohne neue Verunreinigung der Straßen, jedenfalls mit dem frommen Gedanken: Man kann so armen Kranken helfen nur mit dem, was abfällt. Den Tieren war ein »T« eingeprägt, ein Symbol, das aus einer Krücke entstand.

Irgendwann Ende 1523 oder Anfang 1524 traf die beiden Kitzinger Schweine die reformatorische Wende. Der Rat der Stadt ließ sie »niederstechen«, verkaufte ihr Fleisch. Den Erlös steckte er dem neueingerichteten »Gemeinen Kasten« zu. Wie lange diese Schweine in Kitzingen herumgelaufen waren, weiß man nicht. Aber es war sicher eine löbliche Gewohnheit, wohl niemand störte sich daran.

Mit dieser Tat war jedoch die Eigentumsordnung verletzt: Denn die Schweine hatten die Würzburger Antoniter ausgesetzt. Der Orden, in Frankreich im 11. Jahrhundert entstanden, versorgte Kranke und Pilger. Schon um 1200 hatte sich die Idee, solche »Antonier«schweine herumlaufen zu lassen, weit durchgesetzt. Sie paßte in eine Wirtschaft, die wenig Geld übrig hatte, in der jeder aber Abfall erzeugte. So glänzend war die Erfindung, daß der Orden erbittert gegen Nachahmung kämpfen mußte. Sie hießen gemeinhin Antonierschweine.

In Würzburg gab es eine Niederlassung der Antoniter spätestens seit 1434. Sie schrieben aus der bischöflichen Residenz. Was sie schrieben, kann man ahnen: Sie machten ihr

Eigentumsrecht geltend. Sie bestanden auch auf ihrem Gewohnheitsrecht, in Kitzingen Schweine umlaufen zu lassen. Sie machten geltend, daß sie die Schweine für 16 neue Pfund gekauft hätten. Die Kitzinger, wahrscheinlich um einem Rechtsstreit aus dem Weg zu gehen, überwiesen ihnen die Summe. Weitere Schweine solcher Art werde man nicht dulden. Die Schlachtung der Antonierschweine war kein Einzelfall: Auch Zwickau verbot den »Heiligen Geist Schweinen« ihren Umlauf, schon im Oktober 1520.

2.

Um sich gegen weitere Ansprüche abzusichern, beriefen sich die Kitzinger auf ihre neue Verordnung eines »Gemeinen Kastens«, die sogar vom Ansbacher Fürsten genehmigt worden war. Die Ordnung regelte die »Erhaltung der armen Leute hier«. Sie trägt das Datum 30. August 1523. An diesem Tag, einem Sonntag, war sie in Kitzingen von der Kanzel verlesen worden, damit gültig und publiziert.

In der Pfarrkirche wurde ein Kasten aufgestellt, verschlossen mit drei Schlössern. Jeder, den Gott ermahnte, konnte in die Truhe eine Spende werfen, aus »christlicher, brüderlicher Liebe«, um die Armen zu unterhalten. Der Prediger sollte das Christenvolk dazu ermahnen. Außerdem werde man an den Feiertagen in der Kirche und auf den Kirchhöfen sammeln und das Eingesammelte in den Kasten einwerfen. Und während der Weinernte wollte man Sammler herumgehen lassen, die Wein sammelten, wie es bisher Bettelmönche getan hatten. Man hoffte überdies, daß – auch wie bisher – Stiftungen in Testamenten oder Spenden gemacht würden und das Kapital sich so vermehrte. Alle Einkünfte waren Spenden, also freiwillig. Wenn bisher die Mönche mit Erfolg gesammelt hatten, dachte der Rat laut, könnte es nun bei diesem großen Vorhaben auch gelingen, mit einer ansehnlichen Summe anzufangen und diesen Grundstock an Geld zu erhalten – ihn nicht durch die laufenden Ausgaben an die Armen zu vermindern, sondern möglichst zu vermehren.

Aus dem »Gemeinen Kasten« sollten die Almosen an Arme ausgegeben werden. Erst einmal war festzustellen, wer überhaupt bettelte. Die Bettler wollte man an einem Tag zusammenrufen, ihre Namen aufschreiben. Den Vorzug erhielten die ganz Schwachen und Bedürftigen. Nicht allen schwachen Bedürftigen, nur denen, die bisher in der Stadt gelebt hatten, sollte geholfen werden: Die Kommune begriff sich als Solidargemeinschaft. Ihnen wurde ein Zeichen verpaßt. Das machte auch kenntlich, wenn sie in Wirtshäusern ihr Almosen verschwendeten. Die öffentliche Versorgung forderte ihren Tribut: Nur zur Deckung des notwendigen Eigenbedarfs, der Ernährung, sollte das Almosen verwendet werden dürfen.

Soziale Kontrolle, wie man es heute nennt, griff um sich. Alles Betteln in der Stadt war hinfort untersagt. Die Fremden waren nicht nur ausgeschlossen vom Empfang der Armenhilfe, ihnen wurde nicht allein verboten, in Stadt und Vorstadt zu betteln, sie sollten erst gar nicht in die Stadt gelassen werden. An den Toren konnte man sie leicht erkennen und fernhalten. Nur den Kranken wollte man so viel geben, daß sie sich weiter an anderen Orten behelfen konnten.

Die Stadt grenzte mit dem Bettelverbot die Fremden aus. Die Ordnung wollte in der eigenen Stadtgemeinde auch die Armen erfassen, um ihnen zu helfen, die arm waren und dennoch nicht bettelten, weil sie sich schämten: die »verschämten Hausarmen«. Dann traf man einige Bestimmungen, die der differenzierten Wirklichkeit nahe kamen. Wenn von einem Ehepaar ein Partner arbeiten konnte, sein Verdienst aber nicht für beide ausreichte, dann wollte man helfen, der Tätige brauchte aber das Kennzeichen nicht zu tragen. Auch hier war soziale Kontrolle wirksam. Denn wer getrennt lebte, schloß sich vom Empfang aus. Eheleute sollten zusammen leben, und das friedlich. Verhindert sollte auch werden, daß Kinder für die Eltern bettelten. Wer sein Kind nicht in ein Arbeitsverhältnis gab, erhielt nichts. Der Grundsatz war: Niemand, der arbeiten und sich so ernähren kann, erhält Almosen.

Dafür würde, so rechnete der Rat, der Vorrat an Geld erst

einmal erschöpft sein. Wenn man mehr einnahm, konnte man weiteren Armen helfen, aber wieder nur denen, die in der Stadt gelebt hatten. Dann auch den Schülern, den Kranken, den Frauen, die durch Geburten der Arbeit zeitweilig fernbleiben mußten. Blieb dann noch etwas übrig, konnte man Existenzgründungen fördern, Darlehen als Starthilfe für arme Handwerker und junge Eheleute geben. Nur wer hart und fleißig arbeitete und dennoch nichts als den Lebensunterhalt verdiente, sollte das Darlehen nicht zurückzahlen.

Um nicht hintergangen zu werden, mußte der Rat genau hinsehen: Dazu diente eine »Verwaltung« – ein Ausschuß aus dem Rat und der Gemeinde. Die Pfleger und die Bürger, die Einkünfte verwalteten, waren ehrenamtlich tätig. Darum wechselten sie jährlich. Dabei konnte auch besser kontrolliert werden, ob ihre Verwaltung recht war. Um die soziale Kontrolle einzuschärfen, setzte man einen Spezialrichter, einen »Bettelrichter«, ein. Er mußte nicht nur dafür sorgen, daß das Bettelverbot eingehalten wurde, und die fremden Bettler ohne Zeichen ausweisen, sondern auch die Wirtshäuser kontrollieren.

Die Vorstellungen, die die Regelungen der »christlichen Ordnung des gemeinen Kastens« in Kitzingen leiteten, waren traditionell und auch andernorts praktiziert. Kennzeichen hatte man in anderen Orten schon früher ausgegeben. Die Stadt als Solidargemeinschaft – das war geläufig. Arbeit wurde verlangt, Hilfe sollte nur den Arbeitsunfähigen zuteil werden – »starke« Bettler sollten nicht unterstützt werden. Neu war, daß die Stadt Fremde ausgrenzte und daß allein die Hand der »Gemeinde« die Armenunterstützung lenkte. Daher hieß der Kasten »gemein«, war Betteln verboten, auch das Betteln der Mönche. Das war eher beiläufig gesagt. Erst als die beiden Schweine verschwanden, wußte man, was gemeint war.

Mit Reformation hat das alles nur insoweit etwas zu tun, als man vorher zu so starken und durchgreifenden Maßnahmen wie der Reinigung der Stadt von Bettlern nicht den Spielraum gehabt hatte. Fromme Stiftungen, die der Rat verwaltete, hatte es schon früher gegeben.

Neu formuliert war dann, und das verdankte man auch der Reformation, das Motiv zu Spenden. Zweimal hob die Ordnung hervor, daß die Christen dem Gebot Gottes, ihn und den Nächsten zu lieben, zu gehorchen hätten, wenn sie je selig werden wollten. Dies sowie das Vertrauen und der Glaube an Gott gehörten dazu. Genauer ausgelegt: Wenn man seinen Bruder liebt, läßt man ihn als Christ nicht betteln. Daß die Unterstützung nur den wirklich Armen zukam – und das, so erläuterte man, waren nicht diejenigen, die ihr Geld verschwendet hatten, sondern die mit Ehren verarmt waren –, war nur durchzusetzen, wenn man das Betteln verbot. Und: wenn man die Armen aufschrieb. Die Bürger, die vorher durch die Bettler angegangen worden waren, konnten die wirkliche Bedürftigkeit nicht nachprüfen. Man kann sich leicht ein Bild machen von dem Bettelbetrieb in der Stadt: arme Bürger, Kinder, Kranke, Fremde, in der Kirche, auf den Gassen. Wirkliche Armut sollte nun nachprüfbar gemacht werden. Zugleich sortierte man die Bettler in Klassen: ganz bedürftige Bürger, solche, die einer zusätzlichen dauernden Hilfe bedurften, und solche, denen nur vorübergehend ein Zuschuß gewährt werden mußte, damit sie überlebten, und Fremde, die eliminiert wurden.

Aber war es denn sicher, daß Gaben flossen, wenn der persönliche Appell ausblieb? Man regte ein starkes, ein religiöses Motiv an: Gott hat es geboten, und wie Christus die Christen liebt, so leistet man »brüderliche« Hilfe. Diese Hilfe nimmt Gott als Werk an, und seine Gnade schenkt uns mehr, als uns armen Christenmenschen nötig ist. Auch das war genau reformatorisch formuliert.

3.

Schon 1522 hatte Nördlingen eine Bettelordnung erlassen. Auch dort stellte man einen Kasten in die St.-Georgs-Kirche. Die Einkünfte sollten den bedürftigen, nicht den »faulen« Bettlern gegeben werden. Bettler sollten gekennzeichnet sein und nur vor der Kirche und vor den Häusern betteln – kein

Bettelverbot, wie gemeinhin. Fremde Bettler schloß man durch das Zeichen aus, als Nachbarn ließ man die Bewohner des Umlandes, des Ries, zu. Ebensowenig wie in Kitzingen dachte der Nördlinger Rat daran, die Vermögen der Kirchen, Klöster und Bruderschaften in eine Organisation des Almosenfonds zusammenzulegen. Sogar die Stiftungen für die Armen anläßlich von Seelmessen ließ man in Nördlingen unangetastet.

Die Ordnung war am Abend vor Weihnachten, dem 24. 12. 1522, erlassen. Im gleichen Jahr entstand ein fast mannshohes Tafelgemälde des in Nördlingen arbeitenden Malers Hans Schäufelein. Sie war um eine der Säulen der Georgskirche herumgebogen. Über und vor dem langen Kasten erhebt sich Christus in der Figur des Schmerzensmannes: seine Arme beidseitig so ausgestreckt, daß seine Hände die Wundmale weisen und nur mit dem Lendenschurz bekleidet und der Dornenkrone. Rechts und links unten werfen Bürger Geld in den Schlitz des Kastens. Man sieht, wie die Brotlaibe oder die Suppe ausgeteilt werden und daß viele Arme, Männer, Frauen und Kinder, flehentlich hinzudringen. Das alles findet in einer Kirche statt – die Säulen zeigen es an.

Das mächtige Bild war eindeutig und gut lesbar, dennoch wird es von zwei Inschriften auf der Tafel kommentiert: »Gebt euer heilige Almosen den Armen, so wird sich Gott über euch erbarmen« (Daniel 4,24). Dies konnte ganz traditionell ausgelegt werden: Wenn ihr Almosen gebt, sichert ihr euch das Erbarmen Gottes. Die zweite, größere Inschrift zitiert Jesaja 58,7: »Brich dem Hungrigen dein Brot und führe die Armen und Elenden in dein Haus.« Der Spruch ruft nur zur Tat auf. Die zwei gebieterischen Texte stärkten die Motive durch die Heilige Schrift. Im Gemälde las man nicht das Gebot Gottes – wie es auch der Rat sah, der eine Predigt anbefahl –, daß Gott zu den Werken der Barmherzigkeit mahne. Die Christusfigur wies aus, daß zwischen dem leidenden Christus, seinem Werk der Erlösung zu unserem Heil, und den barmherzigen Werken eine Verbindung bestehe, die eher als Folge aus der Liebe Gottes in Christo zu deuten war: Christus hat uns angenommen, nimm dich der Armen an. »Alles, was der Gläubige lebt, wirkt und tut, das richtet er darauf, dem Nächsten zu nutzen und ihm zu helfen, wie er sieht, daß ihm Christus getan hat«, so stand es in der Almosenordnung Nürnbergs vom gleichen Jahr.

So formulierte es auch die Predigt, die vermutlich der seit Oktober vom Nördlinger Rat angestellte Prediger Theobald Billikan hielt. Liebe, die Caritas ist, entsteht im Christen durch die Gnade Gottes, so daß wir unsere Brüder und Nächsten in Gott liebhaben. Wir helfen den Armen um Gottes willen, damit sie von eurer christlichen Liebe und Bruderschaft am letzten Tag, wenn Christus wiederkommt, Zeugnis ablegen. Der Text der Predigt ist in einem offiziellen Buch des Rats aufgeschrieben, dem Ordnungsbuch. Die Predigt war eine der Interpretationen des Bildes. Ob sie ebenso eindeutig für die Auffassung der Ratsherren zeugt, ist eine andere Frage. Im Sommer des gleichen Jahrs 1522 hatte der Rat eine Ermahnung, für das Blatterhaus Almosen zu spenden, sagen lassen, daß solche Hilfe die Belohnung ewiger Seligkeit bringe aus Gottes Gnade. Die Umstellung von der Motivation der kirchlichen Tradition, die die Lutherischen als »Werkgerechtigkeit« bekämpften, auf die neue, die sich im Leiden Christi spiegelte – sollte sie binnen eines halben Jahrs erfolgt sein? Näher liegt der Gedanke, daß beide Motive gleichlaufend, vielleicht die alte aus- und die neue anlaufend, verwendet wurden. Denn man brauchte starke Impulse, wenn man in einen mit den alten Almoseneinrichtungen erfolgreichen Wettbewerb eintreten wollte. Die alten Werke: Bettelmönche und Seelenstiftungen sowie individuelles Almosengeben an Bettler, blieben ja.

4.

Die Kitzinger Ordnung gelangte auch nach Würzburg, im Februar 1524. Der Rat verhandelte darüber, ob er eine solche Armenfürsorge einrichten solle. Nur dann wollte er es tun, wenn die Verwaltung in seiner Hand sei. Er hielt es also für möglich, daß in einer Stadt, in der ein Bischof Stadtherr war, eine Armenordnung eingeführt würde, die städtische Autonomie stärken konnte und zugleich noch eine religiöse Begründung aufführte, die man leicht evangelisch nennen konnte: Almosengeben wird Ausfluß der Nächstenliebe genannt, und man beriefe sich dabei auf die Heilige Schrift. Das wich von einer älteren Ordnung ab, die das Spenden von Almosen als verdienstliches Werk bezeichnete. Aber dies mochte nicht ganz mit der kirchlichen Überlieferung brechen, denn die Schrift war ja der älteren Kirche nicht fremd.

Der Würzburger Rat gab sich alle erdenkliche Mühe, die Vorlage Kitzingens an die Verhältnisse vor Ort anzupassen. Nötig waren schon einmal fünf Kästen, weil es fünf Pfarrkirchen gab. Im Dom sollten der Fürstbischof und die Herren des Domkapitals neben den Bürgermeistern, in den anderen vier Pfarrkirchen die Pfarrer neben Ratsherren und den Viertelmeistern Aufsicht über die Kästen führen. Der Bischof konnte überdies noch die Pfleger einsetzen. Und die Anregung aus Kitzingen, Jahrzeitstiftungen und Bruderschaftsvermögen zu späterer, gelegener Zeit in das Kastenvermögen einzubringen, ließ man ganz aus dem Spiel. Doch der Wettbewerb mit den Stiftungen, die bisher geistlichen Einrichtungen zugeflossen waren, blieb erhalten: Der Kasten war gemein. Bürger konnten ihm Stiftungen zuwenden.

Anpassungen an die Verhältnisse der Bischofsstadt lagen vermutlich auch darin, daß die Abweisung fremder Bettler rigoroser gehandhabt werden sollte: Fremde, die ausgewiesen waren und dann die Stadt wieder betraten, waren mit Ruten hinauszuschlagen. Sonst aber war vieles übernommen: Bettelverbot, die Unterscheidung von arbeitsfähigen und schwachen Bettlern, ein Register derer, die des Empfangs würdig erachtet wurden, die Kontrolle ihres Verhaltens, was übrigens schon eine ältere Ordnung vorsah. Nicht aber, was diese verlangt hatte: einmal im Jahr zu beichten und das Sakrament zu empfangen, das Vaterunser und das Glaubensbekenntnis, die Zehn Gebote und das Avemaria aufsagen zu können.

Die im Rat verhandelte Ordnung trat nie in Kraft. War es die angeregte Motivation, die sie zu Fall brachte, oder die Befürchtung des Stadtherrn, der Rat könnte auf einem so wichtigen Gebiet kirchlicher Tätigkeit in einem Wettbewerb sich erfolgreich behaupten? Oder – wie man aus der Bedingung, die Ratsherren selbst machten, entnehmen kann: sie nur anzunehmen, wenn der Einfluß des Rates erhalten blieb – unterdrückte der Fürstbischof jede Regung einer Erweiterung des Einflusses der Stadtrats? Denn bislang hatte der vom Stadtherrn bestellte Oberrat die Armenversorgung geregelt. Jedenfalls bestärkt die Diskussion der Armenordnung aus dem evangelischen Kitzingen in Würzburg, das dem alten Glauben erhalten blieb, die Vermutung, daß man Armenfürsorge nach dem neuen, kommunalen Modell auch dort betreiben konnte, wo man nicht schon evangelisch war.

5.

Ein abweichendes Modell stellten die Drucke vor, die 1522 erschienen, auch in Süddeutschland, in Augsburg und Speyer: die Wittenberger Ordnung. Die war ungleich radikaler, sie veränderte auch mehr als die 1523 im Mai herauskommende Kastenordnung aus der kleinen sächsischen Stadt Leisnig. In Wittenberg ordnete man den Gottesdienst neu. Ebenso 1523 in der sächsischen Gemeinde Leisnig, auch ihre Ordnung druckte man. Beide, die Wittenberger und die Leisniger, die der Wittenberger Reformator mit einem Vorwort sanktionierte, führten die kirchlichen Einkünfte an Zinsen in dem gemeinen Kasten zusammen, und folgerichtig mußte auch der Klerus aus diesem Fonds besoldet werden. Bettelverbote sprachen auch sie aus, aber dies war nur ein Zweck unter anderen.

Die Wittenberger Ordnung verbot nicht nur den Bettel, sie zentralisierte sogar die Zinseinkünfte der Zünfte. Dafür gewährte sie den armen Handwerkern zinslose Darlehen – dies rangiert bei den Ausgaben an erster Stelle. Dann folgen die Waisen, die Ausstattung von jungen Frauen, die heiraten wollen, und die Kinder armer Leute. Auch Stipendien für letztere sollten ausgegeben werden.

Die Ordnung von Leisnig ist eine vollständige Kirchenordnung. Über die Wittenberger Ordnung hinausgehend, übertrug sie das gesamte Pfarrvermögen in einen »Gemeinen Kasten« – dies war also ein Vermögensfonds, keine real existierender Kasten, der aufgestellt wird. Pfarrer, Küster und Schule und die Gebäude, die dazu gehörten, waren aus diesem Kapital zu unterhalten, dann die Almosen an die Armen, die nicht arbeiten konnten. Auch ein Getreidevorrat für Teuerungszeiten sollte angelegt werden.

Die Präambel beruft die Gnade Gottes, die neue Offenbarung der Heiligen Schrift, aus der man nun wisse, daß das Vermögen der Christen, das innerliche wie das äußere, Gott und dem Nächsten in Liebe zu dienen hat. Daher beschloß man diese »brüderliche Vereinigung«.

Luther verband mit der Neuordnung andere und weitere Erwartungen. Das zentrale Motiv war dasselbe wie bei der Nürnberger und Kitzinger Armenordnung: »Kein größerer Gottesdienst ist als die christliche Liebe, die den Bedürftigen hilft, danach wird Christus auch am Jüngsten Tag fragen.« Wenn man gegen die Übernahme der Armenfürsorge durch die Gemeinden und Obrigkeiten einwandte: Der Gemeine Kasten wird wenig Einnahmen haben, aber der Bedarf ist riesengroß (»das Loch ist zu weit«, sagte Luther), verwies Luther auf die christliche Liebe: Ordnungen schaffen ist notwendig. Sein Angriff wandte sich vor allem gegen die Klöster und Stifte. Und er sah voraus, daß nun die Habgier herrschen würde: Jeder wird versuchen, an sich zu reißen, was er von dem Gut der Geistlichen kriegen kann. Man sollte dies rechtzeitig regeln.

Allen Armen im Land sollte gegeben und geliehen werden: Luther sah keine Einschränkung vor. Wucher sollte es nicht mehr geben: Die Darlehen, die zurückfielen und für die der Empfänger doch mehr Zinsen zahlen mußte, sollten erst einmal gesondert behandelt werden. Bevor das Kapital in den Fonds kam, sollte man die Zinssummen zurückzahlen. Und: Die Klöster der Bettelorden wollte er in Schulen umwandeln.

6.

Die Sache mit dem »Gemeinen Kasten« wurde auf der Straße und in den Läden besprochen. So stellt es uns eine Schrift vor, die 1524 erschien: Ein Mönch trat in Schwabach in den Laden eines Tuchmachers. Zuerst besprach man Neuigkeiten. »Bruder Heinrich« hatte etwas Gutes gehört. Man hat den Gemeinen Kasten eingerichtet. Die Sache war jedoch strittig. Eine Wollkämmerin, die in der Werkstatt arbeitete, brachte alle Einwände gegen den neuen Kasten vor. Die Verwalter würden das Geld zu eigenem Nutzen verwenden und sich selbst Darlehen geben. Die Leute würden verschwenderisch leben im Vertrauen, bei Verarmung vom Kasten leben zu können. Oder wenn man in den Kasten stiftet, wird man arm. Sie wußte, daß die Menschen lieber denen gaben, die sie vor sich sehen. Warum, so fragte sie kritisch, will man nur den eigenen Hausarmen helfen, nicht den Fremden? Und wird das alles nicht nur vorübergehend sein: Ein Amtmann richtet den Kasten ein, der nächste schafft ihn wieder ab. Der Markgraf, auch Schwabach lag im Fürstentum Ansbach, wird dagegen sein, der Pfarrer ohnehin. Und schließlich: Die neue Lehre bringt nur Zwietracht und Aufruhr; denn es gibt noch viele, die am Alten hängen. – Sie selbst übrigens auch: Den Mönch beleidigte sie. Er sei aus dem Kloster gelaufen; was er sagte, sei eine Gänsepredigt, vergeblich also. Antiklerikalismus war für sie »Bauerndreck«, und Luther soll der Teufel holen.

Trotzdem: Mißtrauen war angebracht, gegen die Herren, die sie für eigennützig und unzuverlässig hielt – so dachte auch der Knecht des Tuchmachers. Er meinte, die Ratsherren seien nicht gut evangelisch. Mißtrauen gegen die Leute: sie würden lieber jetzt verzehren als einen Notvorrat anlegen, wenn die Gemeinde einen hatte, oder alternativ: sie würden durch die Spenden arm werden.

Und die Kämmerin fürchtete den Konflikt um den Glauben. Daß sie dazu Anlaß hatte, bestätigte der Spuler. Er äußerte sich kurz und radikal: Schlagt die Geistlichen und Mönche tot, sie wollen Herren sein und benehmen sich wie Bettler, ganz pervers. Und wenn die Kämmerin das Bauerndreck nannte, dann wußte sie, daß viele Landbewohner so dachten. Im gleichen Jahr 1524 begann ja der Aufstand der Bauern gegen die Herren, geistliche wie weltliche.

Strittig war zwischen den Anwesenden auch, wer Hilfe erhalten sollte. Nur die Hausarmen, die eigenen Armen, will man unterstützen, nicht die Fremden, wußte die Kämmerin. Der Knecht wollte auch nicht jedem, der darum bat, geben lassen, sondern nur den Arbeitern. Auch der gut lutherische Mönch, Bruder Heinrich genannt, war mit der Einschränkung auf die eigene Gemeinde nicht einverstanden: Allen muß man helfen. Denn das Gebot der Liebe duldet keine Grenze. Auf die Liebe vertraute der Meister. Die brüderliche Liebe macht Herren und Gemeinde einig, allein die Liebe aus dem Glauben ist kraftvoll. Der Knecht begründete seine Zustimmung zur Neuerung mit dem Spruch: Alle Dinge sind gemein : so hatte es die Urgemeinde gelebt. Der Meister bezog das »gemein« auf die Verwendung der Mittel für Kirche und Stadt. Der Mönch, der immer wieder Bibelstellen beibrachte, mutete der Wollkämmerin zu, ihr Gut zu verkaufen und den Armen zu geben, wie es Matthäus 9 stehe, eigentlich 19,21. Und dort sprach Jesus dies zu einem Jüngling, der viele Güter hatte.

So lebhaft und kontrovers das Gespräch im Schwabacher Tuchmacherladen war, es endete mit gut christlicher und bürgerlicher Einigkeit: Man vergab einander und aß zusammen.

7.

Enttäuscht war 1523 der Altenburger Geistliche, Wenzeslaus Linck, ein ehemaliger Ordensbruder Luthers. 1522 hatte man in Altenburg in Sachsen zwei Kästen vor der Kirche aufgestellt, um für die Armen zu sammeln, aber der Ertrag blieb hinter den Erwartungen zurück. Deswegen unterließen es auch »fromme« Bürger zu spenden, und unter den Armen wurde es unruhig. Das Bettelverbot half auch nichts. Die Stadt war mit Bettlern und »Müßiggängern« überlaufen,

»schier aufgefressen«. Ebensowenig änderten die Predigten Lincks etwas. Er witterte dahinter den bösen Geist. Man wird doch, wenn nun die Mönche nicht mehr heischen dürfen, die eigenen Armen unterhalten können. In der Schrift, die Bürgermeister und Rat gewidmet ist, drohte Linck die Strafe des Zorns Gottes an, wenn man weiter gegen die brüderliche Liebe sündige. Vor allem: Dem unnützen fremden Bettelvolk mußte der Rat ein Ende machen. Dann würde man ein »gutwilliges, gehorsames Volk« erhalten. Die Bettelordnung ist als ein Element der Sozialtechnik ausgewiesen.

Warum wird Gottes Gesetz, das dem Menschen auferlegt, sich mit Arbeit zu ernähren, verachtet? Weil Müßiggang als evangelisch ausgegeben wird. Das Almosengeben gilt als heilig. Kein Wunder diese Perversion: Der Teufel verstellt sich als Engel des Lichts. Er nennt evangelisch, was teuflisch ist. Dann wird auch das Umgekehrte getan: Was man aus brüderlicher Liebe tun soll, gilt als verderblich. Denn wie man einem Arbeiter seinen Lohn geben muß, so den Armen Hilfe.

Kranke und Arme werden zuerst im eigenen Haus versorgt. Das Haus ist wie der Körper: Fehlt einem Glied etwas, so hilft das andere. Nur wenn diese soziale Einheit überfordert ist, tritt die größere Einheit ein: eine Stadt, ein Dorf, eine Kirchgemeinde – auch sie sind »Körper«schaften. Ein Mitglied hilft dem anderen. Fremde gehören nicht dazu. Jede Gemeinde soll ihre leibliche Notdurft selbst tragen, wie Jerusalem in sich an allen Gütern Genüge hatte.

Das ist die natürliche Ordnung Gottes. Das Haus – schon wer immer von Haus zu Haus läuft, Bettler und Geistliche, vor dem muß man sich hüten. Die Gemeinde soll die fremden Bettler nicht bedienen. Bettelei – immer durch Fremde ausgeübt – ist gegen Gottes Ordnung, aller Laster Anfang, »ein Deckel der Habgier«. Bettler begehren fremde Güter. Daher verwenden die Bettler auch böse Mittel: Sie lügen, trügen, böse Nachrede und geschminktes Heiligtun. Man sieht es hier in Altenburg. Der Segen Gottes fehlt: Die zeitlichen Güter verderben, und Gottes Wort wird verachtet. Gott wird uns plagen, wenn wir den Kasten nicht aufbessern.

Arbeit nährt – das entspricht dem ersten Gebot Gottes (Im Schweiße deines Angesichts sollst du dein Brot essen). Das hat einen religiösen Sinn. Wer hier auf Erden Angst und Arbeit hat, sehnt sich nach der Ruhe des ewigen Lebens. Wer arbeitet, legt seiner bösen Art einen Zaum an. Arbeit fördert den allgemeinen Nutzen und zügelt die Wollust; man kann sagen, daß in diesem Grundgebot alle anderen Gottesgebote enthalten sind. Arbeit übt den Glauben an Gott; nur wenn er sie segnet, ist sie effektiv, »fruchtbar«, wie Linck sagt. Kein Wunder, daß der Teufel Müßiggang haben will. Denn das ist der Hebel, alles verkehrt zu machen. Müßige Geistliche, Bauchmäster, sind ein gutes Beispiel.

Das Hohelied der Arbeit klingt wie eine Präludium der Moderne. Aber: Arbeit ist Mühsal, ist motiviert durch Gehorsam und gerichtet auf Nahrung. Geldgewinn ist schon Wucher. Der Nutzen zielt auf die Körperschaften: das Haus und die Gemeinde, nicht auf den einzelnen. Arbeit an sich bringt nichts, der Segen muß hinzukommen.

Nachweise

S. 9: Wer setzt den Pfarrer ein? – Kitzingen gegen Johann von Wirsberg:

1. Dieter Demandt und Hans-Christoph Rublack: Stadt und Kirche in Kitzingen. Darstellung und Quellen zu Spätmittelalter und Reformation (Spätmittelalter und Frühe Neuzeit. Tübinger Beiträge zur Geschichtsforschung 10), Stuttgart 1978, S. 30ff., 36ff.; S. 183ff., 203ff. (Quellentexte).

2. Emil Egli u. a. (Hg.): Huldreich Zwinglis Sämtliche Werke 7 (Corpus Reformatorum 44), Leipzig 1911, ND Zürich 1982. Nr. 46; Emil Egli: Actensammlung zur Geschichte der Zürcher Reformation in den Jahren 1519–1533, Zürich 1879. Nr. 164b (zitiert: Egli, Aktensammlung).

3. Robert Stupperich (Hg.): Martin Bucers Deutsche Schriften 1 (Martini Buceri Opera Omnia Series 1,1), Gütersloh und Paris 1960, S. 366–368.

4. L. Dacheux (Hg.): Brants Annalen, in: Bulletin de la société pour la conservation des monuments historiques d'Alsace. IIe série. 19, Strassbourg 1899, S. 39ff., Nr. 4408; Rod. Reuß (Hg.): Daniel Specklins Collectaneen, in: Bulletin de la société pour la conservation des monuments historiques d'Alsace. IIe série. 14, Strassbourg 1889, Nr. 2229.

5. Hans-Christoph Rublack: Reformatorische Bewegung und städtische Kirchenpolitik in Esslingen, in: Ingrid Bátori (Hg.): Städtische Gesellschaft und Reformation (Spätmittelalter und Frühe Neuzeit 12), Stuttgart 1980, S. 191–220; Helmut Krabbe und Hans-Christoph Rublack (Hg.): Akten zur Esslinger Reformationsgeschichte (Esslinger Studien Schriftenreihe 5), Esslingen 1981, S. 287ff.

6. Jean Lebeau und Jean-Marie Valentin (Hg.): L'Alsace au siècle de la Réforme. Textes et Documents, Nancy 1985, S. 158–159.

S. 24: Der Bauer von Wöhrd:

1. Günter Vogler: Nürnberg 1524/25. Studien zur Geschichte der reformatorischen und sozialen Bewegung in der Reichsstadt, Berlin 1982, S. 135–151.

2. (Diepold Peringer): Ein Sermon von der Abgötterey durch den

Pawren, der weder schreyben noch lesen kan, gepredigt zu Kitzing im Franckenland auff unsers Herrn Fronleychnamstag. MDXXiiij (= 1524). Benutzt ist das Exemplar Stadt- und Staatsbibliothek Augsburg 40 Th H 2060. Eine Reproduktion einer anderen Predigt: Ain Sermon geprediget vom Pawren zu Werdt bey Nürmberg am Sontag vor Fassnacht von dem freyen willen des menschen auch von anruffung der hailigen, Nürnberg: Verlag Medien und Kultur 1979.

3. Dieter Demandt und Hans-Christoph Rublack (wie oben), S. 225f., Nr. 43.

4. Johann Eberlin von Günzburg: Ein schoner spiegel eins Christlichen lebens, gemacht durch Johann Eberlin von Gintzburg, zu lob vnnd eer eim ersamen Rhat vnnd gemeyn einer loblichen statt Reinfelden, allen Christgläubigen nützlich zu wissen, Straßburg: Johann Schwan 1524, in: Ludwig Enders (Hg.): Johann Eberlin von Günzburg: Sämtliche Schriften 3 (Neudrucke deutscher Literaturwerke des 16. und 17. Jahrhunderts = Flugschriften aus der Reformationszeit 18), Halle 1902, S. 97–109.

S. 32: Predigtstörung in St. Anna, Augsburg 1523:

1. Die Quelle in: Augsburg Stadtarchiv Urgichten Nr. 14.

2. Hans-Christoph Rublack: Eine bürgerliche Reformation: Nördlingen (Quellen und Forschungen zur Reformationsgeschichte 51), Gütersloh 1981, S. 94f.

3. Leonhard von Muralt und Walter Schmid (Hg.): Quellen zur Geschichte der Täufer in der Schweiz 1: Zürich, Zürich 1952, Nr. 29, S. 38f. Dazu Heinold Fast: Reformation durch Provokation. Predigtstörungen in den ersten Jahren der Reformation in der Schweiz, in: Hans-Jürgen Goertz (Hg.): Umstrittenes Täufertum, 1525–1975, Göttingen 1975, S. 79–110.

4. Emil Egli u. a. (Hg.), (wie oben): Briefwechsel 3 (Corpus Reformatorum 46), Leipzig 1925, ND Zürich 1982, S. 7f.: Zwingli an Oecolampad, 3. 1. 1527.

5. Egli, Aktensammlung Nr. 378.

S. 37: Das Gespräch eines Juden und Christen. Wie entsteht eine Flugschrift?:

1. Otto Clemen: Flugschriften aus den ersten Jahren der Reformation 1, Leipzig 1907, S. 375ff.

2. Robert W. Scribner: For the sake of the simple folk. Popular

propaganda for the German Reformation, Cambridge 1981, S. 6, S. 211–215.

3. Walther Köhler: Das Buch der Reformation Huldrych Zwinglis, München 1926, S. 58 ff.

4. Utz Rychszner: Ain gesprech büchlin / von ainem Weber vnd ainem Kramer über das Büchlin Doctoris Mathie Kretz von der haimlichen Beycht / so er zu Augspurg in vnnser frawen Thum gepredigет hat im M. D. XXiiij. (1524. Jar), (Augsburg: Heinrich Steiner 1524). Zu Richsner Paul A. Russell: Lay Theology in the Reformation. Popular pamphleteers in Southwest Germany 1521–1525, Cambridge 1986, S. 121 ff.

5. (Conradt Dystelmair): Ain gesprechbüchlein von aim Xodtschneyder vnd aim Holtzhawer / So sy von aynem Dorff in ain Stat an jr arbayt gangen seynd. Von wegen / warumb Petrus dem Malcho das or hat abgehawen, (Augsburg: Philipp Uhlhart, Sigmund Grimm) 1523. Benutzt ist das Exemplar München Bayerische Staatsbibliothek Polemica 1358.

6. Wolfgang Zierer: Ain schöner dyalogus von ainem Lantzknecht vnd prediger münich wie sy vnder wegen zuo samen kommen synd vnd was sy mit ain ander geret haben gemacht durch Wolffgang Zierer von Saltzburg Ertzknappe zuo Schwatz, (Augsburg: Melchior Ramminger 1522). Benutzt ist das Exemplar München Bayerische Staatsbibliothek 4, Polemica 3300.

7. Durch betrachtung vnd Bekaerung Der böszen gebreych in schweren sünden / Ist gemacht dyser Spyegel Der Blinden. V.(on) H.(aug) Z.(oller) Im jar. 1522, (Augsburg: Melchior Ramminger) 1522. Druck in Adolf Laube u. a. (Hg.): Flugschriften der frühen Reformationsbewegung 1, Berlin 1983, S. 128–155. Zum Autor Paul A. Russell (wie oben), S. 127 ff.

S. 53: Das Lied des Konz Anahans:

1. Hans-Christoph Rublack: Das »Lied« des Nördlingers Contz Anahans, April 1525, in: Hans-Martin Maurer und Franz Quarthal (Hg.): Speculum Sueviae. Beiträge zu den historischen Hilfswissenschaften und zur geschichtlichen Landeskunde Südwestdeutschlands. Festschrift für Hansmartin Decker-Hauff zum 65. Geburtstag 2, Stuttgart 1982, S. 58–74.

2. Rublack, Nördlingen (wie oben), S. 111 ff.

3. Nördlingen Stadtarchiv, Bauernkriegsakten IV, Urgichten, Franz Weiler.

4. Rublack, Nördlingen (wie oben), S. 127 ff.

5. Olaf Mörke: Rat und Bürger in der Reformation. Soziale Gruppen und kirchlicher Wandel in den welfischen Hansestädten Lüneburg, Braunschweig und Göttingen (Veröffentlichungen des Instituts für Historische Landesforschung der Universität Göttingen 19), Hildesheim 1983, S. 151 ff., 186 ff. – Für die weiteren Ereignisse dieses Einsatzes von Liedern in der Reformation: Inge Mager: Lied und Reformation. Beobachtungen zur reformatorischen Singbewegung in norddeutschen Städten, in: Alfred Dürr und Walther Killy (Hg.): Das protestantische Kirchenlied im 16. und 17. Jahrhundert. Text-, musik- und theologiegeschichtliche Probleme (Wolfenbütteler Forschungen 31), Wiesbaden 1986, S. 25–38.

S. 62: Dispute:

1. Hans-Christoph Rublack und Heinz Scheible: Matthäus Alber als Reformator Reutlingens. Die neugefundene Beschreibung seines Lebens, in: Reutlinger Geschichtsblätter, Neue Folge 14, 1976, S. 44–69.

2. Krabbe, Rublack (wie oben), 20, Nr. 5.

3. Hans-Christoph Rublack: Nördlingen zwischen Kaiser und Reformation, in: Archiv für Reformationsgeschichte, 71, 1980, S. 113 bis 133, bes. 128 f.: Quellenanhang, Nr. 1.

4. Verwenung der disputatz zu Zürch von Maister Huldrich Zwingly Predicant zuo. Z. Dis nach bestimptten artickel vnd meinungen bekenn ich Huldrich Zwingli mich in der loblichen stat Zürich geprediget haben ..., o. O., o. J. Exemplar Augsburg Stadt- und Staatsbibliothek 40 ThH 2990.

S. 67: Die verbrannte Bulle:

1. Martin Luther: Kritische Gesamtausgabe der Werke (= WA) 7, S. 183. – M. Perlbach und J. Luther: Ein neuer Bericht über Luthers Verbrennung der Bannbulle, in: Sitzungsberichte der Königlich Preußischen Akademie der Wissenschaften V, 1907, S. 95–102; Heinrich Boehmer: Luther und der 10. Dezember 1520, in: Luther-Jahrbuch 2/3, 1920/21, S. 7–53, hier: 16. – Eine andere Version (Perlbach, Luther [wie oben], S. 100): »Weil du die Heiligen Gottes verderbt hast, verderbe dich heute der Herr. Hinein damit ins Feuer!«, bei Martin Brecht: Martin Luther 1: Sein Weg zur Reformation 1483–1521, Stuttgart 1981, S. 404.

2. Hans-Joachim Hillerbrand: Brennpunkte der Reformation, Göttingen 1967, S. 85 ff., übersetzt von WA 7, S. 184–186. Dazu Robert W. Scribner: Popular Culture (wie oben), S. 146.

3. Konrad Hoffmann, in: Martin Luther und die Reformation in Deutschland. Katalog der Ausstellung im Germanischen Nationalmuseum in Nürnberg 1983, S. 244; 230f.; zur verkehrten Welt Robert W. Scribner: Reformation, Carnival and the World turned upside-down, in: ders.: Popular Culture and Popular Movements in Reformation Germany, London 1987, S. 71–101, auch in Ingrid Bátori (Hg.): (wie oben), S. 234–264.

4. Bob W. Scribner: Incombustible Luther: The Image of the Reformer in Early Modern Germany, in: ders.: Popular Culture (wie oben), S. 323–353; Ernst Gagliardi u. a. (Hg.): Johannes Stumpfs Schweizer- und Reformationschronik II (Quellen zur Schweizer Geschichte I, VII), Basel 1955, S. 185.

5. WA B 1, S. 48f., 136–138, 167, 193–196, 234f., 245; WA 7, S. 152–182; deutsch in: Kurt Aland (Hg.): Luther Deutsch 10: Die Briefe, Stuttgart 1959, S. 76, 79f.

6. Benutzt ist das Exemplar Stadt- und Staatsbibliothek Augsburg 40 ThH 253, Druck: Laube (Hg.), (wie oben), 1, S. 58–62.

7. WA B 2, 266. Zu diesem Abschnitt Robert W. Scribner: The Reformation as a social movement, in: ders.: Popular Culture (wie oben), S. 145–174; Nikolaus Müller: Die Wittenberger Bewegung 1521 und 1522. Die Vorgänge in und um Wittenberg während Luthers Wartburgaufenthalt, 2. Aufl. Leipzig 1911, S. 19–21.

8. Matthias Senn: Die Wickiana. Johann Jakob Wicks Nachrichtensammlung aus dem 16. Jahrhundert, Küssnacht/Zürich 1975, S. 34–36; Christine Göttler: Die Zuger haben das Wort Gottes verbrannt – Strategien der konfessionellen Polemik am Beispiel einer reformatorischen Schmähschrift vom Jahre 1556, in: Zwingliana 18, 1989, S. 69–119.

S. 79: Fastenbruch in Zürich:

1., 2., 3. Egli, Aktensammlung, Nr. 233, 234.

4. Hans-Christoph Rublack: Zwingli und Zürich, in: Zwingliana 16, 1985, S. 393–426, hier: 410f.

5. Leonhard von Muralt und Walter Schmid (Hg.): Quellen zur Geschichte der Täufer in der Schweiz I, Zürich 1952/1974, Nr. 397.

S. 84: Weihehandlung in Augsburg 1524:

1. Augsburg Stadtarchiv Urgichten, Nr. 24, 10.6.1524.

2. Augsburg Stadtarchiv Urgichten 1525/26, 30.12.1526; Urgichten 1524, 3.4.1524.

3. Salomon Vögeli: Das alte Zürich 1: Eine Wanderung durch Zü-

rich im Jahr 1504, Zürich 1878, S. 299; (Glasgemälde und Kacheln): Cécile Ramer: Felix, Regula und Exuperantius. Ikonographie der Stifts- und Stadtheiligen (Mitteilungen der Antiquarischen Gesellschaft in Zürich 47), Zürich 1973, S. 27, Nrr. 157 bis 160, S. 34f., Nr. 204–207; Hansueli F. Etter u. a. (Hg.): Die Zürcher Stadtheiligen Felix und Regula. Legenden, Reliquien, Geschichte und ihre Botschaft im Licht moderner Forschung, Zürich 1988.

4. Walther Köhler (Hg.), (wie oben), Nrr. 78; 123; Egli, Aktensammlung Nr. 414f.; 421; J. J. Hottinger und H. H. Vögeli (Hg.): Heinrich Bullingers Reformationsgeschichte 1, Frauenfeld 1838, S. 127; Ludwig Hätzer: Ein vrteil Gottes un=/sers eegemahels/wie/man sich mit allen goetzen vnd/bildnussen halten sol/vsz der/heiligen gschrifft gezo=/gen durch Ludwig/Haetzer./Zürich. Froschauer 24. Herbstmonat 1524.

5. Peter Jezler: »Da beschachend vil grosser endrungen«. Gerold Edlibachs Aufzeichnungen über die Zürcher Reformation 1520–1526, in: Hans-Dietrich Altendorf und Peter Jezler (Hg.), Bilderstreit. Kulturwandel in Zwinglis Reformation. Zürich 1984, S. 41–74; Leo Weisz: Die Geschichte der Kappelerkriege nach Hans Edlibach, in: Zeitschrift für Schweizerische Kirchengeschichte 25, 4, 1931, S. 81–108, 270–287, hier: 282; Egli, Aktensammlung Nr. 238; J. G. Mayer: Chronik der Fridolin Bäldi in Glarus (1488–1529), in: Zeitschrift für Schweizerische Kirchengeschichte 1, 1907, S. 43–57, 112–127, hier: 118; Willy Wuhrmann: »Zwinglis Lied«, in: Zwingliana 2, 1912, 455–457.

6. Egli, Aktensammlung Nr. 442. Das Folgende nach Bullinger (wie oben), I, S. 145ff. Auch Peter Jezler: Tempelreinigung oder Barbarei? Eine Geschichte vom Bild des Bilderstürmers, in: Hans-Dietrich Altendorf und Peter Jezler (Hg.), (wie oben), S. 75–82.

S. 100: Die Heirat des Priesters Jakob Griesbüttel:

1. Der Actus vnd des geschicht: das/newlich zuo Augspurg durch den willen gots/ain Christenlicher Priester/zuo der Ee/gegryffen hat/angesehen der vnder/druckung des Eelichen standts durch mich Christoff Ge/rung von Memmingen/In dem Jar/M.Dxxiij./.

2. Wyss (wie oben), S. 20, 25.

3. Konstanz Stadtarchiv Ratsprotokolle 1521/22, 21.2.1522, 29.1.1522.

4. Krabbe und Rublack (wie oben), Nr. 174.

5. Oskar Vasella: Reform und Reformation in der Schweiz (KLK 16), Münster 1958, S. 25; Hans-Christoph Rublack: Die Ein-

führung der Reformation in Konstanz von den Anfängen bis zum Abschluß 1531 (Quellen und Forschungen zur Reformationsgeschichte 40), Gütersloh 1971, S. 214.

6. Rublack: Das »Lied« des Nördlingers Contz Anahans (wie oben).

S. 108: Die Heirat der Nonne Ursula Toperlin:

1. Otto Clemen: Die Leidensgeschichte der Ursula Toplerin, in: Zeitschrift für bayerische Kirchengeschichte 7, 1932, S. 83–91, 161–170. – Die Topler gehörten seit 1440 zu den ratsfähigen Patriziern: Rudolf Endres: Sozialstruktur Nürnbergs, in: Gerhard Pfeiffer (Hg.): Nürnberg – Geschichte einer Stadt, München 1971, S. 198; (Das Empfehlungsschreiben) WA B 3, 1933, Nr. 820; WA B 4, 1933, Nr. 975, S. 22: Luther an Kurfürst Johann, 25. 1. 1526. Zu Allstedt: A. Nebe: Geschichte des Schlosses und der Stadt Allstedt, in: Zeitschrift des Harz-Vereins für Geschichte und Altertumskunde 20, 1887, S. 18–95.

2. Gustav Voit: Engelthal. Geschichte eines Dominikanerinnenklosters im Nürnberger Raum (Schriftenreihe der Altnürnberger Landschaft 26), 2 Bde., Nürnberg 1977.

3. Gerhard Pfeiffer (Hg.): Quellen zur Nürnberger Reformationsgeschichte (Einzelarbeiten aus der Kirchengeschichte Bayerns 45), Nürnberg 1968, S. 306f.

4. Josef Pfanner (Hg.): Die »Denkwürdigkeiten« der Caritas Pirckheimer (Caritas Pirckheimer – Quellensammlung 2), Landshut 1962, S. 79ff. Die Vorgeschichte ist knapp geboten bei Gerhard Müller und Gottfried Seebaß (Hg.): Andreas Osiander Gesamtausgabe 1, Gütersloh 1975, S. 464–466.

5. Siegfried Bräuer: Thomas Müntzers Weg in den Bauernkrieg, in: Christoph Demke (Hg.): Thomas Müntzer. Anfragen an Theologie und Kirche, Berlin 1977, S. 65–85, hier: 71; Erich Hartung: Die äußere Geschichte des Amtes Allstedt 1496–1575, Jena 1931.

6. Emil Sehling: Die evangelischen Kirchenordnungen des 16. Jahrhunderts, 1, S. 507ff.

S. 129: Ittinger Sturm:

1. Peter Kamber: Die Reformation auf der Zürcher Landschaft am Beispiel des Dorfes Marthalen. Fallstudie zur Struktur bäuerlicher Reformation, in: Peter Blickle (Hg.): Zugänge zur bäuerlichen Reformation, Zürich 1987, S. 85–125, hier: 108f., A. 68. Einige Texte sind im Staatsarchiv Zürich selbst eingesehen, besonders der Faszi-

kel A 324. Daneben die Untersuchung, die das Ereignis zuerst und den Quellen am nächsten darstellte: August Waldburger: Der Bezirk Andelfingen zur Zeit der Reformation, in: Zürcher Taschenbuch, N.F. 35, 1912, S. 167–201; vgl. auch die vorher veröffentlichten Teile, ebd. N.F. 31, 1908, S. 194–244; N.F. 32, 1909, S. 82–130; N.F. 34, 1911, S. 90–146. Für den näheren Kontext Christian Dietrich: Die Stadt Zürich und ihre Landgemeinden während der Bauernunruhen von 1489 bis 1525 (Europäische Hochschulschriften Reihe III, Band 229), Frankfurt, Bern und New York 1985, S. 197ff. Einige Informationen sind entnommen aus Peter Heinrich Huber: Annahme und Durchführung der Reformation auf der Zürcher Landschaft in den Jahren 1519 bis 1530, Diss. phil., Zürich 1972.

2. Marion Kobelt-Groch: Von »armen frowen« und »bösen wibern« – Frauen im Bauernkrieg zwischen Anpassung und Auflehnung, in: Archiv für Reformationsgeschichte 79, 1988, S. 103–137, hier: 103; zitiert nach Franz Ludwig Baumann (Hg.): Quellen zur Geschichte des Bauernkriegs in Oberschwaben, Tübingen 1876, S. 283; Esslingen: Krabbe und Rublack (wie oben), Nr. 4.

4. Staatsarchiv Zürich A 324 Nr. 48.

5. Dietrich (wie oben), S. 193f.

S. 138: Der Mord der Schweine – Sorge für die Armen:

1. Demandt und Rublack (wie oben), S. 223f. Schreiben des Bürgermeisters und Rats Kitzingen an die Würzburger Antoniter vom 18. 2. 1524; Bob Scribner: Popular Culture (wie oben), S. 152; Anne-Rose Fröhlich: Die Einführung der Reformation in Zwickau, in: Mitteilungen des Altertumsvereins für Zwickau und Umgebung 12, 1910, S. 49.

2. Emil Sehling: Die evangelischen Kirchenordnungen des 16. Jahrhunderts 11 / 1. Teil: Bayern und Franken, hg. von Matthias Simon, Tübingen 1961, S. 72–76; Adolf Laube u.a. (Hg.), (wie Anm.), S. 1078–1085. Die Ordnung wurde 1523 in Nürnberg gedruckt.

3. Rublack, Nördlingen (wie oben), S. 53f.; das Bild: Martin Luther und die Reformation in Deutschland. Katalog der Ausstellung im Germanischen Nationalmuseum 1983, Frankfurt 1983, S. 425; die Wittenberger und Leisniger Ordnungen: Laube (wie oben), S. 1033–1037; Hans-Ulrich Delius (Hg.): Martin Luther (Studienausgabe 2), Berlin 1982, S. 525–529; Laube, S. 1053–1072.

6. Oskar Schade: Satiren und Pasquille aus der Reformationszeit

3, Hildesheim 1966, S. 196–206: Ein Gespräch von dem Gemeinen Schwabacher Kasten.

7. Wenzelaus Link: Von Arbeyt vnd Betteln wie man solle der faulheyt vorkommen und yederman zu Arbeyt ziehen, Zwickau 1523.

Verzeichnis der Abbildungen